舞踏言語

吉増剛造

ちいさな廃星、
昔恒星が一つ来
て、幽かに〝御
晩です〟と語り
初めて、消えた

論創社

はじめに

トブコトデハナイ、タツコトニ、オマエハシンソコキョウガクシタノデハナカッタカ、……＝跳ぶor飛ぶことではなく、立つこと（顕つ、建つ、起つ、絶つ、……）に、お前は、心底、……畏《オソ》れを、覚えていたのではなかったか、……。そうだった、……大地《ダイヂ》踏《フ》みの血《チ》の虹《ニジ》が立ったのだ。その未開の地の咽喉の下の呼《コ》ー吸《キフ、》を濁《ミダ》す。さらに、……。

2018.4.1 Tokio gozo y.

目次

第二章　笠井叡

第三章　舞踏家たち

第四章　大野一雄

終章

おわりに

序章　一九六八年と「肉体の叛乱」

「舞踏」という隕石──森下隆さんとの対話

『肉体の叛乱』の時代

森下隆　二〇一八年の土方巽の命日の慶應義塾大学で行うイベントには、美術家の中村宏さんに来ていただき、一九六八年の土方巽の舞台『土方巽と日本人─肉体の叛乱』についてお話しいただきます。中村さんは、この舞台を八ミリで撮影しているんです。吉増さんもごらんになったこの舞台から話を進めたいですね。おそらくこの一九六八年という年がすごく象徴的なのだと思います。われわれと少し上の世代が、もう一度そのころを見直そうとしている。自分たちの七〇年代の活動を取り返したいということもある。また、いまの若い人にも、「六八年って何だろう」という問いかけがある。こういうなかで、二〇一七年から二〇一八年に『肉体の叛乱』が語られる予定です。二〇一八年は一九六八年からちょうど半世紀です。まず『肉体の叛乱』というのはなんだろうということですね。七〇年安保に向けた政治的な背景もあるなかでの『肉体の叛乱』を現在、紹介する。そして土方巽がどういうふうに見られるかということ。『肉体の叛乱』そのものは土方巽にとって失敗作だと私は思いますが、これがなければ先にいけなかった重要な作品です。その時代に吉増さんが詩人としてどうお考えになっていたかを、ぜひうかがいたい。

吉増剛造　『肉体の叛乱』の会場は日本青年館でしたが、一九六八年の何月でしたか。

森下　十月です。

吉増　舞踏を見た経験というのは、その行われた場所への道筋と吹く風のようなものまで覚えているものですが、語れないけれども身体と精神のワンセットの経験として、……それは非常に苛烈なものでした。あのとき地下鉄外苑前の駅から、長い坂道でした日本青年館の玄関のところにまで歩いていった。後ろからぼくを追い越していきそうになった若い女の子と、連れ立って、しゃべりながら歩いていったのです。その女の子はどこかの映画雑誌の編集の手伝いをしていた。その女の子と話しながら、女の子も不安だったんでしょうね。編集長から切符をさずけられて、「わたしも見に行くんです」って不安そうにわたくしに話しかけたのですね。

その空気と一緒に、馬がつながれている日本青年館玄関の異様な光景にさしかかった。一九六八年の秋の入口の空気で、その入口は、いままさに森下さんが、「失敗作であった」とはっきりおっしゃったとおり、舞踏や舞台というよりも、ある種の出来事性として、……あるいは世界の図柄というか世界の形姿の変化が、……途方もないものでした。そのなかで最後に劇場の天井に吊り上げられていった、土方さんの姿をよく覚えています。

しかしながら、いまそれを思い出して、道筋まで思い出して反芻していくと、その都市の一角が崩れて燃えていくような、その出来事性と世界の図柄の変貌に非常な衝撃を受けていたことが判ります。その女の子にそのあと連絡をとって、ぼくもまだ二十代の後半ですからね、その子とデートしたようなことまでありました。そうした、出来事というよりもね、もっと深い心身の情動を引き出すような特別なときだったのです。おそらくその同じ年だと思います。笠井叡さんの『稚児之草子《ちごのそうし》』、あれがやはり一九六八年の何月でしたか。

司会　一九六八年八月です。

吉増　えっ、……。そうすると非常に微妙な話になるのですけれども、わたくしがあとから、ある種の爆発的な都市の一角が崩れるような、燃えるようなそうした力動の図柄を都市の一角に感じた、『肉体の叛乱』のひと月前に、ぼくの記憶の中ではひと月後に、次のような記憶があったのです。ぼく自身の記憶のずれと、さらに、どうして、わたくしの記憶もまたずれて崩れていたのか、……それも一緒に考えていきたいと思いますが、……笠井叡さんの『稚児之草子』、例のワーグナーがかかって虎の絵があった、とんでもないあの舞台ね。厚生年金会館小ホールまで歩いた、新宿の裏道の細道を、ぼくはとってもよく覚えているのですよ。

そのときもどうしてか知らないけれども、ぼくはそのとき『三彩』（美術誌）の編集者だったのですが、近くの画廊の女の子（I・Yさん）を誘って、この二つはそういうエロスと一緒なんですね、ここにも、ある秘密があるのね、……女の子と一緒に歩いていっているんです。それで、厚生年金への裏道を歩いているときに、なんと、ぼくから二、三メートル前を着流しを着た土方巽が歩いていた、……。その歩いていく姿は、細い道の左側の路肩にへばりつくようにしていくような、そんな土方巽の姿を視界に入れながら、厚生年金小ホールに行っています。

そのとき、厚生年金小ホールのほうが日本青年館よりもキラキラした劇場ですからね、瀧口修造さんはいらっしゃる、三島由紀夫さんはいらっしゃってる、そばに富岡多恵子さんもいる。そういう人たちが並んでいる、……。しかも、舞踏もとにかく突き抜けるような、「こんな身体、ありえたか」というような、笠井叡の、おそらく畢生の天性が、爆発した舞台でした。

したがって、その印象とともに、土方巽さんの日本青年館、いま森下さんがおっしゃったような、おそらく心身の燃えるような都市とともに、瓦礫がごろっと転がったような、あの出来事よりも、ぼくは、どうしてか、笠井叡氏の厚生年金小ホールを二カ月か後だというふうに覚えてしまっている、……そう覚えたらしいのです。なぜそう覚えたのか、……、おそらくそうした華やかな、そのとんでもない舞踏のスターが飛び出したことに対して、同じ表現者として、裏道を着流しを着て、へばりつくようにして歩いていた土方巽に、ある種の非常に底深い嫉妬のようなものを看てとったのでしょうね。そうした遭遇というかな、舞踏の身体と、それから一九六八年、その火の塊のような、新宿と神宮とね、そういう記憶の出来方を、エロティシズムとともに思い出すんですね。

ぼくはどっちかっというと、女の子を誘って一緒に行くようなタイプじゃないんですよ。それなのに、こうした遭遇と記憶の混乱が起きている。これは間違いなく、語ることの不可能な、……、おそらくエロティシズムなんて言ってはいけない、そういうものを起こすほどの、途方もない未知の力の衝撃、……というよりも事故ともいえるような出来事でした。それをいま、導火線を引いていただいたので、森下さんのお話とともに、呼び出すことができました。

森下　私は実はその日本青年館の公演の『肉体の叛乱』を見ていないのです。翌年、東京に出てきました。ただ、日本青年館そのものの成り立ちが特殊なところなので、非常にいかめしいというか、そういう場所を土方は敢えて選んだことは確かです。しかし、それは元々、『肉体の叛乱』ではなく、『土方巽と日本人』というタイトルだったからなんですね。そのタイトルでつくってきて、公演の前に澁澤龍彥さんと対談して、それから富岡多恵子さんのインタビューを受けて、そういった際に、「これから自分は日本人論をやるんだ」と言ったところだったのです。でも、実際の舞台はそうならなくて、結局は種村季弘さんが書かれた「肉体の叛乱（反乱）」という文章に引きずられたんですね。

元々は六月にやる予定が十月までずれ込んだ。『土方巽と日本人』ができなくて、『肉体の叛乱』になってしまったという恨みもあるんですね。それでも、もちろん土方は満足したとも思います。あれだけの舞台ですので、例えば室伏鴻さんとビショップ山田さんなんかは、それを見て土方の舞踏の世界に来て舞踏家になるんですから、非常にインパクトのある素晴らしい舞台であったことは確かです。満員の観衆も歓声をあげて見たんだと思います。それは映像を見てもわかりますけども、本来の「土方巽と日本人」というものは、達成できなかったということは確かです。土方にとってどうだったのか、私はずっと考え続けているんです。

吉増　時系列的に、その一九六八年という、その年の、……途方もない時代そのものが持っていた、都市が瓦解する炎みたいなものの一角は、さっきのお話で触れることができました。

その時代の中心的な雑誌が、この（雑誌を手にして、……）『現代詩手帖』でした。表紙をご覧になってわかるように、この絵はさっきお話があった中村宏さんの作品ですよね。本文イラストが赤瀬川原平さん。そしてこの一九六九年十月号で天沢退二郎、金井美恵子さんとぼくは鼎談をしていて、同じ号に土方さんが書いている、吉岡実が書いている、白石かずこさんが書いているのです。

この雑誌を編集したのが、東大を出てすぐの桑原茂夫なんですよ。最も苛烈な魂を編集にぶつけた桑原茂夫が、奥付では編集人は八木忠栄になっているけれども、実質は、ぼくの記憶ではこのときからもうすでに桑原だった。次の七〇年から真っ黒い表紙になりますけどね。ここで、時代の生々しい、火の出るような廃墟性みたいなものをジャーナリズムで引っ張ったのが、桑原茂夫なんです。その桑原茂夫がこの雑誌を辞めざるをえないときが直後にきた。いま久しぶりに誌面を見たら、金井美恵子さんと天沢退二郎に向かって、学園紛争なんかを話しながら、「舞踏についてどうなんですか、特権的肉体、舞踏家について」と編集部が介在してきている、これが桑原茂夫でした。

ここにはもちろん唐十郎も絡んでくる。鈴木忠志も絡んでくる。白石加代子も絡んでくる。このころ中心にいるのは土方巽、中嶋夏、笠井叡。しかもその笠井叡という人は、ある種の天才的な文筆家ですからね。しかも吉岡実（詩人）さんが最もかわいがった、三島さんもそうだったけども、そういうことはそばにいてヒリヒリとぼくらにもわかるわけです。そのヒリヒリとした空気の中で、この『現代詩手帖』を中心に、新宿の瓦礫が火を噴くような傾く状態を、演出とまで言わないけども露呈させたのが、この桑原茂夫という編集者でした。

従って、この人に依頼され、連れていかれ、会わされる人たち。この人から土方さんの声も聴こえてくる、吉岡さんの声も聴こえてくる。あるいは直接、吉岡さんの声を聴くようになる。そういう状態の日々が一九六八年、六九年、七〇年とありました。そこからしばらく時間差があって、大野一雄さんと関わる「時」がくるのです。

このときの『現代詩手帖』の鼎談は、「肉体と言語活動をめぐって」だけど、ぼくは初めての東南アジア旅行から帰ってきて、そのことをしゃべっているんです。それが、だんだんだんだん、「土方さんや笠井さんの真似をして踊っている」なんていうぼくの発言から、学園闘争の激しさ、そして唐十郎さんの話、そういうほうへ移行していって、最後は舞踏論みたいなところへいくんですよね。

だから、記事だけを取り出して、書いたものを取り出してということでは伝えられなくて、この雑誌の存在、そして同時にあった生きている空気。その中にあった最も中心的な苛烈なものが「舞踏」であった、肉体言語であった。まずはそういうふうにとらえないといけない気がします。

森下　この二号続けて同じタイトル「肉体と言語」のテーマでやる、特集を組むというのは、雑誌としても珍しいと思うんです。ここに金井美恵子さんの「肉体論」というのが出てきて、みなさん驚いたと思います。土方は前の号で笠井さんに『肉体の叛乱』を批判されたんですけど、普通だったら翌号に自分の文章を載せるということは、そこで『肉体の叛乱』について何か触れるだろうと、期待していいかもしれません。でも土方は一切、触れていない。知らんぷりしているんです。それも面白いですね。これで笠井と土方が仲たがいしたわけでもないんです。だからそのあたりも含めて、本人に一回訊くべきだった、まあ、訊いても言わないかもしれないですけど、面白いですね。おっしゃるようにこの時代、舞踏というものがどうあったのかということの一つのヒントになるかもしれない。雑誌に取り上げられて、批判されながらも、それを無視するかのような文章を執筆し、でも二人は仲たがいしたわけではない。

笠井さんは一九七〇年の『骨餓身峠死人葛《ほねがみとうげほとけかずら》』のときに、土方の舞台を見て楽屋に行って、「土方さん、もう帰りましょう」って言ったという。「この舞台、やっちゃだめだ」って言ったっていうんですね。それも、笠井さんが言っていて、どこまで正確かと思うこともあるんですけども、そういったことはあったと思うんです。だから、この時代の笠井さんと土方のかかわりを考えるのも非常に面白い。

吉増　『骨餓身峠死人葛』は何年ですか。

森下　七〇年です。十月から翌年一月。

吉増　そこにもう一度、さっきの劇場への足取りとつなげて言いますけども、ぼくもその野坂昭如さんの原作を使った『骨餓身峠…』をとても印象深く見ていますし、文章も書いています。

あの場所（アートシアター新宿文化）、あれが後年、連続シリーズ（四季のための二十七晩）の場所になるわけですよね。したがって、日本青年館へ外苑前から歩いていく道、そして土方さんが着流しを着て、壁にへばりついていた新宿の裏道の厚生年金への道、そしてアートシアター新宿文化へ通う道。これが三つ揃うと、あの時代の東京というよりも、あの三つが浮遊する劇場が大きな瓦礫みたいにして浮かんでくる。そういう時代だったのです。

『人形劇精霊棚《にんぎょうげきしょうりょうだな》』という舞台

吉増　いま思い出しましたのですが、……、その苛烈な雑誌、『現代詩手帖』で、唐さんや「舞踏」を中心に、とうとうその塊をつくるのに成功した桑原茂夫が、思潮社をやめて、自分で劇場を作り上げるようなことをしたのです。それが、「パルコ」（池袋）というデパートが始まったときでした。アメリカから帰ってきたばかりのぼくに朗読をさせて、中嶋夏を呼んできて、矢野英征《ひでゆき》を呼んできて、そして翠川敬基、藤川義明を音楽、そして林静一の美術でもって、連続舞台公演『人形劇精霊棚《にんぎょうげきしょうりょうだな》』（一九七二年）をうったこと。これが桑原茂夫なんです。

そのときのことをはっきりと覚えています。アートシアター新宿文化でそのときに公演をされていた土方さんが、それを非常に気にされて、ある種の殴り込みに近い緊迫したときがありました。したがって、ぼくの言いたいのは、この桑原茂夫という『現代詩手帖』の一番苛烈な、紙の中に劇場を作り上げた男が、今度はある、劇場といってはいけないなあ、ある一角に、火を噴くような肉体言語の場所をつくろうとした。

その苛烈なものは、もしかすると鈴木忠志さんの劇場運動も少しは背景としてあるか、寺山修司さんの天井桟敷も、あるいは唐さんの劇場もあるかと思うけれども、その劇場への道筋と、わたくしのした経験からいうと、六八、六九、七〇、七一というこのドシン、ドシン、ドシンというこの肉体言語のステップは、土方の日本青年館から始まって、パルコにまで続いていきます。そこにわたくしも自分自身の肉体を担いで、片棒を担いでしまった。したがって、それ以後、ぼくは大野一雄さんとも会うし、ある活動を続けるんだけども、非常に語りづらい、書くとか語ることのできないような時間が、そのあとにやってきている。それがわかりますよね。六八、六九、七〇、七一と。それをようやくいま語りはじめることができている、……というのか、それが口を開くのに、五十年近くが必要であったということです。

そのあと、もちろん大駱駝艦が始まって、室伏鴻がやってきて、「なんかやろうや」とか、あるいは京都の白虎社の大須賀勇が来てとか、そういうことはあります。ありますけれども、とにかく燃えたままの隕石がぶつかっていたような日本青年館。三島さんもぶっとんだろうなあ。瀧口さんと三島さんが並んで見ていた笠井叡ですからねえ、あの厚生年金小ホール。その二年後には三島さんが腹切るわけですからね。

そういう爆裂弾よりも激しかったことから、ぼくが土方の舞踏についての文章で、「廃星」という言葉を使った意味もあるんだな。隕石が燃えたまま新宿の裏町へ落下してきたんですよ。あるいは日本青年館へ。「舞踏」とかって、後からモダンダンスとの違いとか、技術的なことなどを言うけども、そんなもんじゃなかった。そこなんですよね。

舞踏の震源地

森下　そうですね。アートシアター新宿文化も一つの震源地になるんですが、それは当時の支配人葛井欣士郎さんが、やっぱり国際反戦デー（10・21）の新宿の街頭での激突を見て、心を震わせるんですね。自分の劇場もそういうことをやんなきゃいけないと、前衛的なものをどんどん取り入れていくんです。一九六九年に蜷川幸雄さんがそのアートシアター新宿文化で、『心情あふるる軽薄さ』という芝居をやった。これは機動隊がどっと劇場内に入り込んでくるもの。もちろん本物の機動隊ではないんですけども、見ているほうが恐怖感を覚えるような舞台をつくってしまう。そういうことがアートシアター新宿文化でできるようになった。支配人はいつかは土方の舞踏もと思っていて、一九七二年に、『四季のための二十七晩』で実現するわけですけども。三島さんも国際反戦デーを目の前に見て、体が震えたんだと思います。いろんなことが六八年、六九年にやってきて、あったということですね。街頭でもあったし、劇場でもあった。

吉増　こういうふうにしていくと、記憶の遺伝子のそばの細道が動くような感じで、得難い経験です。いま森下さんがおっしゃった蜷川さんの『心情あふるる軽薄さ』が、アートシアター新宿文化で、わたくしもその巨大な隕石が燃えたまんまぶつかってきた現場に、間違いなくいたことを思い出します。そこで蜷川さんのすぐそばにいた石橋蓮司、清水邦夫、緑魔子とぶつかっているんですよ。ぶつかって、これも桑原茂夫に渡した原稿だけど、一九七〇年の二月にわたくしが書いた詩が、いまだに代表作で、「古代天文台」という詩なんですよ。

この「古代天文台」という詩を新宿のピットイン二階のニュー・ジャズホールで、初めて山崎弘というグループと、まだ阿部薫なんか吹いてました。そのときに読み始めたのが、副島輝人さんたちとの「詩とジャズ」の始まりでした。その「古代天文台」という詩の中に「魔子の緑の魔子の緑の」という詩行が出てくるんです。この「古代天文台」というのも、いまおっしゃった蜷川さん、石橋蓮司さん、清水邦夫さん、緑魔子さん、そして桑原茂夫。こういう人たちの隕石のそばの火照りとともに出てきた詩だったのですね。それにいま気がついた。すなわち、それがいまだに残っているんだ。

しかもピットインの二階で、「詩とジャズ」の始まりのときに読んだというのがそれだった。それを聞いていた数少ない人の一人、桑原茂夫がすぐに、『現代詩手帖』の裏側か編集後記に書いた。白石加代子と吉増剛造を同列に置いて書いた。したがって、これも初めて言うことですけども、ジャズの激しいところから、声の舞踏としてのボーカルがそこに出現した。それが、六八年、六九年、七〇年、七一年の隕石の落下の肉体言語の詩の表れでした。わたくしにとってのね。それに気がつきました。

森下　白石かずこですか?

吉増　白石加代子さん、……。鈴木忠志の舞台にぶっとんでいた桑原がいた。その白石加代子を見たあとで、ピットインにいったら、「吉増のやろう何やってんだ」っていうことに。

森下　そうですか。

吉増　したがって、劇的、「劇的なるもの」とか言ったら、学者さん方の言語になっちゃう。新宿の裏に落っこってきた、まだ燃えている隕石なんですよ。その爆発力。その前段階として、草月会館なんかで土方さんを見ていますよ。見ているし知っている。その舞踏史の文脈で見ることもできるけれども、間違いなく森下さんがおっしゃったように、日本青年館で馬がつないであった、あの『肉体の叛乱』の失敗作っていうか、ごろんと隕石が燃えたまま落っこってきたっていう。あそこが間違いない、まだ燃えている隕石の落ちた跡ですね。炎《も》える時代の玄関口だった、……。

森下　さらに一九七二年の『四季のための二十七晩』にはふれないでおかないといけないでしょう。それについて吉増さんが書かれた『美術手帖』の特集の「燔犠大踏鑑《はんぎだいとうかん》」という文章があります（六九頁）。

私は土方の口述筆記をやらされていまして、そのときに、「今度大きな舞台をやるから森下くんも手伝ってくれ」と言われて、それまで私は舞台にかかわったことはないんですけども、劇場を土方先生と一緒に見て回ったりして、それから私もお手伝いすることになったんで、非常に印象深く残っている。そして『疱瘡譚《ほうそうたん》』の土方を見て、「これで先生の言うことはなんでもやらなきゃいけない」というような気持ちにもなって、それからずっといままできているわけです。

吉増　その、森下さんがこれで人生決められたというのは、言葉にするとどういうことだったのですか。

森下　私はダンサーと違って、ダンサーは二十四時間土方と一緒なんですね。土方と共同生活。私はそんなおそろしいことは、とてもできないんですけども、土方と奥様の元藤燁子《あき》さんがいて、どっちかというと私は稽古場（アスベスト館）よりも元藤さんの制作の場のほうにいた。時々、稽古場に行って、夜中までいて朝まで飲んでっていうのはあった。ダンサーたちのように、私は自分の体を全部土方に預けることはできないけど、何か、先生に言われて協力することがあったら、これからすべてやんなきゃいけないって思い始めたんですね。

吉増　そう思い始めた原動力は何だったのですか。

森下　それはもう、その舞台で涙が出たことですね。見て、これは絶対的でしたね。初めて舞台を見て涙を流した。単なる感動じゃなくて、別のものだったと思いますけど。

吉増　うん。

森下　普段の土方と舞台の土方と稽古の土方とは違うんですけども、私はダンサーじゃないので、私に対しては先生は非常に優しいんですね。ある意味で、東北の田舎のおじさんという感じもある。ところが土方と元藤さんは不思議な夫婦。当時は、お二人の関わりをよく知らなかったので、ちょっとほかには考えられない夫婦という感じでした。そのへんは複雑に見てた。土方は、私に対して非常に優しく接してくれたので、ダンサーに対する厳しさとは違うものがあったから、舞台の熾烈な踊りの場面を見て、これは先生の言われることには協力しなければいけないなと思った。

吉増　深追いしますけども、涙を流した瞬間というのは、舞台のどのあたりでしたか……。

森下　それはもちろんバイレロのシーンですね。それは「癩病のシーン」と言われるところです。土方自身はそうは言ってませんけども。私は八ミリも撮っていて、かぶりつきで撮影しました。あのシーンで涙が出てきて、これはもう、やられた。やられたという言葉は使えないんですが。

吉増　稽古場ではないわけですか。

森下　稽古場では土方はだれにも自分の踊りを見せないんです。

吉増　なるほど。

森下　お弟子さんたちの踊りは見ますけども、土方は絶対に人前で踊らない、人前で稽古しないので、だれも見ていないのです。公演で初めて見ることになるのです。

吉増　森下さんのそのお話を聞くことによって、ぼくも『二十七晩』に、おそらくその涙流されたところ、あのぼうっとした光だかなんだかわからないようなところで、身体が動いていた。あそこで涙を流すまでにはいかないけども、涙が目に浮かんできてるというそうした場面には、ぼくの心も間違いなく、たしかに遭遇しています、間違いない。それは、また戻りますけども、あの日本青年館にはなかった。厚生年金小ホールの笠井叡の舞台にも、そのうっすらとした目の前に出てくる見たことのないような涙の膜は出てきてなかった。おそらくそれは、『二十七晩』でとうとう出てきたものだったのだと、いまお話を聞きながら、そう思いました。一方では、そういう経験というものは、ぼくも土方さんに対して批判的な部分もあって、技術として説明してはいけない種類のものだっていうことがあるのです。

しかしながら、さらに言っちゃいますけども、土方さん、ぼくも「衰弱体の収集」の講演（一九八五年一月）なども朝日ホールで聞いていましたけどね、そうしたところへ行くのではない、そうではない本当の膜が、本当の身体の膜、があのとき舞台にあらわれていたのですね。森下さんのお感じになったことに、ぼくも近づきながらお話ししているんですけども、その前の『骨餓身峠…』のときには、主題は面白かったけども、そうした身体の皮膜、……土方巽はキャラメルの皮《かわ》、……みたいにいうけど、……それは出てきてなかった。だから、もう一つオーバーランして言いますと、いまおっしゃってくださった、涙が浮かんでくるような膜の経験というのは、わたくしたちは土方さんのそばで、言語にそういう膜をつくりながら、作動させながら、そういうものを共有していたと思います。

森下　むずかしいですね。

瀧口修造の炎

吉増　森下さんとのこの対話は、この書物の序論になるだろうと思っておりますので、二つ程、あらかじめ考えてきたことがありました。それは普通言う、身体と言語とか肉体と言語というんじゃなくって、さっき申し上げた、劇場への歩行のときに生じてきているようなもの。それが世界の雛形でした、……。その歩行というのは、テロリストの歩行みたいなものなのですよ。一、二、三で突っ込んでいくような。そうした歩行に近いものを一九六八年に感じていた。というのは、一人の人物の姿、ほとんどこれは幻の炎の肉体らしいなと、心の底に直観をして、影響を受けていたのが、瀧口修造さんだったのです。瀧口修造さんは必ず現場にいられた。わたくしたちのパルコの公演のときにも、たった一人椅子を出して見ていらしたのが瀧口修造さんだった。そして土方さんの「燔犠大踏鑑」も、瀧口修造さんに捧げられています。

森下　そうですね。「西落合の父 瀧口修造に捧ぐ」と揚げた。

吉増　あのときの現場、それこそ大隕石が火を噴きながら落ちてきたという感じと、瀧口修造の存在というのが、いまはもう見えなくなっちゃっているけども、ぼくの胸の中には非常に大きなものとして残っています。

東京国立近代美術館の『声ノマ 全身詩人、吉増剛造展』という展覧会の初日に（二〇一六年六月六日）会場の一角で記者会見をしたのですが、……そのとき新聞・雑誌の記者さんが二百人近くも来て、記者会見やったけど、そのときにふっと思い立って、「瀧口修造さんの生前最後のホアン・ミロ展について、一時間くらい電話でしゃべった記憶があるんですよね」と言いながら、「ぼくも美術記者だったから、文学館よりも美術館でやることに抵抗がないんですよ」と、新聞記者に向かって説得的に言い始めていました。

そう言いながら、あれっと思ったら、わたくしがつくった『怪物君』が、ミロの作品の変形にも見えてきた。「あ、わたくしの目の中に瀧口修造が現れたなあ」と、そこまで言語化をしていました。「瀧口修造さんという人は、みなさんあまり言われないけども、炎の詩人でして」なんて言っているんですよ。「その炎の詩人がおそらくわたくしにも火をつけて、その魂を継いでいるということは言えるんであって、そこにいます飴屋《あめや》法水《のりみず》氏が、三〇〇枚の『怪物君』を燃やしてしまったという展示をやっている、その燃やすということは、すなわち非常に遠い射程で考えると、瀧口修造さんの魂を、わたくしも持ち歩いていることの帰結なのだろうと思います」と、即席でしゃべっちゃった。記者さんたちの前でね。

森下　はい。

吉増　それを記事にした人はいなかったけどね。

森下　たぶん瀧口修造のイメージが新聞記者にない。

吉増　ないから。したがって、さっきの劇場への歩行というのと、瀧口修造における歩行というのは、ちゃんとそのときの注釈、血脈と炎でもって脈絡をつければ、必ずつながっていくんです。もちろんぼくも非常に大事にしていた、この人は傑出した詩人だと思う吉岡実を、もちろん土方さんと近かったし評価はするけれども、ぼくの中ではやはり瀧口修造の炎が時代とともに大事なの。

森下　なるほど。瀧口さんがフランスに日本のシュルレアリストを紹介するのに、だれだと言われたら、赤瀬川原平さんと、唐十郎さんと、土方巽の名前をあげてるんですね。私もずっと不思議でしようがないんです。

吉増　本当だ。

森下　なぜ瀧口さんは、パフォーマンス系の唐さんの状況劇場と土方の舞踏が好きになったのか、いまだにわからない。美術だけならそれでいいわけですけども、どこかで何か、炎という先生がおっしゃっていることが適切かどうかわかりませんけども、何か瀧口さんの中にあるんですね、パフォーマンスに対しての思いが。

吉増　ぼくは瀧口さんの、……少し外れたところにいた弟子のような男だから、それがよくわかるのです。ご存知のように、瀧口さんは最後は、晩年は、いわゆるジャーナリズムからの要請に応えなくなり、書かれなくなった。プライベートな手作りのパスポートなんかをおつくりになったり、あるいはデカルコマニー（インクや絵の具を塗った紙を二つ折りにして、開いて作品をつくる技法）にいくわけでしょ。わたくしもそういうところにもいきましたが、「ぼくにはできない」と思ったのは、大岡（信）さんやいろんな人にさしあげた私製のパスポートは、一部分が燃やしてあるんですよ。炎ですね。〝ライター貸してやれ〟なんて、詩の一行もある、……。あの瀧口修造さん、あんな温厚な紳士でみなさんに好かれて、武満徹さんだって瀧口さんの一番弟子ですからね、……。ああいうふうだから、見えなくなっているけども、ぼくが受けついだのは、やはり瀧口修造の中心にある炎でした。

森下　はい。

吉増　それが、唐さんや赤瀬川さんを選ばせている。ぼくの解釈はそうです。それは脈々としてぼくも受けついでます。

森下　慶應閥じゃないんですね。

吉増　それは、ほんの少しだけ、……。（笑）

森下　瀧口先生、どう考えたらいいのか、私もずっと悩んでね。土方があれだけ親しんだし、最後、瀧口先生のお体が悪いときでも、土方は家まで行って、「先生出てこい」って叫んで迷惑かけているんですけど、それは愛情の裏返しなんです。土方はあれだけ瀧口先生を好きだった。だから、大野先生と瀧口先生、土方には先生が二人いましたけど。そのへんはもっと考えなくてはいけない。大野先生に対してはどうだったのかと、いろいろ考えるところもある。土方にとっては東京のお父さんという気持ちだったのかもしれません。よくぞ瀧口先生を動かして自分の舞踏を見に来させ、さらに状況劇場へ連れていったと思います。ちなみに、土方を瀧口さんに引き合わせたのは、名古屋の画家、水谷勇夫さんです。

吉増　いまのぼくの文脈から瀧口修造像に引き込んでいきますと、瀧口さんという人は、もちろん西脇（順三郎）さんとも違う、弟子の大岡信さんとも違う。ジャーナリズムとも距離をとる、学問とも距離をとる。そして、ビニールの黒い鞄を持って現場へ行く人だった。歩いていく人だった。大展覧会に招待されていても、ちゃんと後ろへ並んでいる人だった。そうした根源的なアナーキズムがあるんですよ。

森下　アナーキズム。

吉増　根源的な。単純なアナーキズムじゃない。その芸術の根底みたいなもの。瀧口さんのシュルレアリスムというのはそうなのです。そうじゃないとシュルレアリスムじゃないからね。その根底にある炎に触ってくるものじゃないと、芸術じゃない。それが土方巽であり、赤瀬川であり、唐だった。それを加納（光於）、中西（夏之）とかといわないところが、まさに瀧口さんじゃないですか。それはわかるのです。

土方巽と大野一雄

吉増　澁澤龍彦さんが、「鎌鼬」の方にいく土方を日本回帰というふうに言いましたよね。土方は実際に秋田などにいく。一九六八年の『土方巽と日本人』から、それをむしろ胎胚していたのかもしれないけど、そっちの土方巽の方がむしろ根源的なんじゃないかという判断が、わたくしにはあります。ジャン・ジュネにいったり、東京中心の西洋などにいく、それよりも澁澤さんに日本回帰と言われ、もっと避けがたく、そっちへ「鎌鼬」の方へいってしまう。あるいは、小川紳介とともに『一〇〇〇年刻みの日時計─牧野村物語』（一九八七年）のような映画に出る。あの映画はあんまりうまくできてないけど。しかも最後は東北歌舞伎で明るいほうにいこうとした。あれが『三十七晩』に胚胎してますからね。だから、ぼくはそういう土方を大づかみで捕まえる。

森下　『牧野村物語』は土方にとって、死を前にした最期の踊り、まさに「白鳥の歌」でもありました。演じていたのではなく踊っていたのです。吉増さんは弟子をつくるとかそういうことは。

吉増　そこが、土方さんとけんかもしましたし、どっかで酔っ払って、険悪になったことが、何度もありますけども、一つの会衆をつくるというかなあ、家をつくるというかな、そうした土方さんを、ぼくは本能的に嫌いだった。だから、どんなふうに呼び掛けても来てくださるそこで肉体が初めて発動してくるような、稀有な柔らかさをもった奇跡的な大野一雄のほうに惹かれた。それは土方さんの、どっちかっていうと、あれだけの身体の人なのに、方法化して、一つの脈をつくろうとする、……そうした人に対する反発の心がぼくにはある。それだから、大野一雄さんのもっている、生命の非常に太い躍動する流動するところに惹かれて、「それこそが舞踏だ」と、「別の舞踏だ」と。それから時間がたっていますけどね。あれは第一生命ホールかな。『ラ・アルヘンチーナ頌』。ぼくも見ましたけどね。あのときに大野さんを舞台に上げていたのが土方さんだったからなあ。土方のほうが先生になって、大野一雄を引き上げている。

森下　そうですね。舞台上では、二人の間に大いなる葛藤があったことと思います。

廃星と彗星と

吉増　大野さんの持っているまったく異質な、あれはさっきの隕石の比喩のつづきでいうと、おそらく彗星みたいな身体だ。そこに稀有なものを見て、少し慶人さんにそれは流れているけども、そっちのほうが、われわれの心の奥底の魂の流れに近いところがあると、そこで舞踏を考えて、スイッチしていったのでしょうね。そこには先達がお一人いて、ぼくの敬愛する詩人の白石かずこさん。あの人が女性の深い直感で、最初から大野一雄さんを選んでる。それをぼくは見ていた。

それで、前後しますけども、土方巽さんとそういうある緊迫した精神状態になっていて、亡くなられたときに、お通夜にも行けなかった。ぼくのおばあちゃんが死んで、お骨を持って古里の九州に行かなきゃならないときとぶつかった。それであとで、お香典持ってアスベスト館に行きましたら、例のレコード『慈悲心鳥がバサバサと…』を、元藤さんからいただいた。そして、さあ、……今度は、亡くなられてから、土方巽の声に呪縛された。とうとうそれを、結局、全部筆耕をしてしまうようなことになった。三、四年かかりました（吉増筆録『慈悲心鳥がバサバサと骨の羽を拡げてくる』書肆山田）。亡くなって、あの土方だけが持っていた肉体言語の天才性に遭遇することができた。亡くなったあとですよ。生身じゃとてもじゃない。生身はやっぱり大野さんのほうだった。そういう、もうだれもどうすることもできないような、……そうか、大災厄後に一心に吉本隆明氏の書物を毎日毎日「筆耕」したことに、これは通じています。そういうことがあるのですね。

森下　大野一雄について言えば、私は、よく言われるように、大野一雄は即興舞踏で、土方巽は様式舞踏という単純な分け方に組みしないし、そういうとらえ方をしないいんで、わからないまま、大野先生をこのなかに沈殿させているんです。大野先生の踊りに対する感動もあって、言葉にできないままずっと来ているんです。先生のおっしゃることもわかるんですが、たまたま私は土方のそばにいたので。もちろん大野先生にも触れてますけど、ちょっと大野先生と距離があるんですね。土方と大野一雄のかかわりをもっと見つめたいし、言葉にしたいいんですが、これはずっとできないと思うんです。

本当に土方が大野先生をどう思っていたのか、大野先生が土方をどう思っていたのかを含めて、しかもその舞踏はどうなっているんだというのを、もっと考えなきゃいけないんだというので。安直に大野は即興の代表的なダンサーだとか、そういう言い方はしたくない。もちろん大野先生は土方さんが振り付けたんですね。大野先生が頭を下げて、膝を屈して頼んだから、土方もお手伝いしたんです。そうじゃなくても関わったかもしれませんけども、大野先生がそこまでおっしゃるんならもう一回、大野一雄を振り付けてみようと思ったのかも。それをどう考えるのか、まだ私には結論出ていないいんですけど。

大野一雄と即興あるいは臨在性

吉増　即興性というのが、身体言語における技術的なものじゃなくて、さっきの時代に燃える隕石が落っこちてきたというのと同じように。例えばですよ、ぼくには一番大事な舞台になったのは、石狩河口です。大野さん、函館の生まれで北とも縁があるし、「大野さん、石狩河口で踊ってくださいよ」と、樋口良澄氏とみんなでお連れして、ぼくも、一緒に下見までした。中森敏夫氏や工藤正廣氏と、……。それでみんなで協力してベニア板貼って舞台をつくるところからやった。そういうところに、ほとんど過不足なく全部かかわってこられる。それが大野一雄なのよ。そこで生徒さんや手伝いの人にまかせて、舞台づくりになるかというと、そんなことじゃない。すべてそばにいて、といって作るというより、すぐそういうところへすうっといて、ぼくのそばで、大野さんお酒飲んでたもんなあ。

そういうおそらくキリストがすぐそばにいるような、そういう宗教性がある。その宗教性というのは、いわゆる芸術だとか芸だとか、そういう世界が持っている臭みとは全然違う。だから、あえて言えば、土方さんにはその臭みがある。それでぼくにはダメなんだ。そうするとやっぱり大野さん。大野さんも苦労されたはずですよ。だけど、得難いものに惹かれていった。だから即興性もある。だけど、その即興性というのは、そんなふうにしてそばにいてあげる即興性なんだ。そこで生まれてくるものなんだ。すぐそばにいるために、表現がそこで生まれてくる。それは、きっと「臨在」ということです。

そうすると大野さん、「わたしどうしたらいいかわからないけど、みなさん、そうおっしゃるから、少し水の中に入ってみようか」っていうふうになっていくんですよ。いわゆる技術的にいう、あるいは手法的にいう「即興」なんていうのは通じない。その場性といっても通じない。そういうもんですよね。

お弟子さんの中に、そのときはブラジルからくる人が多かったんですよね。ブラジルにおける身体性というのも、ずいぶん難しい問題もあるけれども。ブラジルからお弟子さんが来たりして、今年でしたか、亡くなられた、たいへんな絵描きさんでした大竹富江さんのところへ、ぼくも行ったりしていたのですけどね。驚くべきシーンをぼくも目撃したことがあった。大劇場でマクベスかなんかをやっていたアントゥネス（・フィーリヨ。テアトル・マクナイマ代表）という劇作家、ぼくも友だちだけど、終わって、それでアントゥネスも大野一雄ファンだから、「会場に大野一雄が来ているから引っ張りだすよ」って言って、一千人くらいの劇場で、大野さん、たーって、上がっていった。それでセレモニー終わったの。終わりだから、みんな帰るよね。そうしたら劇場の中の空気が一瞬、少し変わったの。なんで変わったのかなって、ぼくも振り向いた。みんな振り向いた。そうしたら、みんなが帰る後ろ姿に向かって、大野一雄が手を振っていた。やっぱりそれで驚いちゃうわけ。後ろ姿に向かって手を振る大野一雄って。みんな言葉にならないけどね、これはそういうふうですよ。土方さんもやるかもしれないけれども。

森下　いや、それは大野先生ならでは。たしかに、大野先生はブラジルでは「神様」ですね。

吉増　でしょ。だから、技術的なこと、あるいは精神論的なことじゃないのよ。

森下　そうですね。

吉増　その場で手を振り続けていたんだよなあ。

森下　土方はそういう大野先生に若いころから甘えていた。

司会　「毒薬」というのはそういうことも含めてですよね、たぶん。土方さんは大野さんの舞台を初めて見たときに、「毒薬のダンサー」と、そういうふうに言ったんです。

森下　一九五〇年代、大野先生の公演を土方が初めて東京で見たときに。

吉増　へえ。

森下　その後の大野一雄の踊りとは、まったく違うと思いますけども。

吉増　その毒薬というのをどういうふうに解釈しますか。

司会　そのときの話では、シュミーズを着て自転車に乗って出てきたというのです。「タンゴ」とかいくつかの演目があったのですが。一つには、その当時、女装して出てくることは、伝統舞踊にはあったけど、モダンダンスで、なおかつ四十代すぎている細い人、それ自体にインパクトがあったと思うんです。そこに土方は、自分が絶対届かないもの、そういうものを感じたのかなと。

吉増　なるほど。森下さん、どう。

森下　土方はまだ若いし、ダンスのこともわからない。しかし、東京に出てきて、いろんなダンスに触れ始めたころなので、そこで大野一雄のようなダンスを見たら、これはうたれると思います。

吉増　なるほどね。土方の成長過程のなかで出てきた言葉としてね。

森下　その後も、大野先生の踊りを毒薬といったかどうか、どうだったのでしょうか。

司会　わからないですよね。ただ、土方さんはすぐには大野さんのところで踊らないんだけど、安藤三子（哲子）さんのところに一緒にキャスティングされて出たんです。

吉増　その最初の出会いの話は面白かった。さきほど新宿に燃えたままの隕石が落ちてきたと言いましたけど、場所のことを言うと、ピットインの下で中嶋夏が『麗子像』を踊ったのは何年でしたか。

司会　それは一九六九年です。

吉増　そうか、これは衝撃的な舞踏だったのね。われわれが副島（輝人）さんと諏訪（優）さんによって詩とジャズを始めたのはピットインの二階だったけど、あのときは一階を開放して、中嶋夏が『麗子像』を踊った。あの岸田劉生の「麗子」ね。あれが六九年か。これがやはり、一種の燃える「麗子」だったなぁ。口から糸を引っ張り出し続けるだけという。夏ちゃんの印象というのはすごいなあ。笠井叡とはまったく違うんだよ。

それである身体所作というよりも、もっと内的な、それこそルドンの絵が動き出して、口が動いている、そういう感じの舞踏があった。石子順造さんなんかも感心して見てたな。それを見てた石子さんや映画監督の足立正生、そういうところから唐さんのあの『ドラキュラ』(新宿書房)みたいな雑誌も出てくるのよね。あそこは、新宿のアートシアター(新宿文化)から五十メートルくらいのところですよね。昔のピット・イン。伊勢丹裏だ、……。あれが「新宿」だった、……。あのへんが生ものの燃えた隕石が落ちた後ですね。今日の話は、ちょうど森下さんがそこから話を始めてくださったから、一九六八年、ここらあたりの神宮の森から新宿の裏っ側にかけて、巨大な生きた隕石が燃えたまんま落っこってきて、そこに三島さんの死もあるんだよ。

その原子炉みたいな中心にいたのが、瀧口修造。ぼくの『黄金詩篇』が出たのは、赤瀬川原平の装丁で一九七〇年ですからね。あとにどう続くかなんてことは、ほとんど問題にならなくて。大野さんの問題はあるけど、そこにもし、たとえばぼくなんかにとっての、「舞踏」というのが、「燔犠大踏鑑」――これはたしか高橋睦郎さんの命名だったと思うけど、あの、「踏」の字、踏むっていうほうだな。舞踊の「踊」じゃない。おっしゃったように、あのアートシアターのほこりだよ。ドッタン、ターといってね。あそこにしか「舞踏」はないなっていうくらいの感じなのだな。

『怪物君』と「舞踏」

吉増　さき程もふれましたが、ぼくがいまだに六年間も、毎日やっている吉本隆明さんの原稿の筆耕（『怪物君』）も手の舞踏です。それは、ぼくが土方さんのバサバサ（『慈悲心鳥がバサバサと骨の羽を拡げてくる』）の「舞踏」を筆耕したじゃないですか。あれも「手の舞踏」で追悼していたのね。だから、その土方さんはこういうふうに対象化、今日はできているけども、大野さん、大野一雄について、身体も含めてどんなふうな接近をするかというのは、まだその時期が、ぼくの中で熟してないのかもしれない。いつか来るのかもしれない。

一つ、さき程の毒薬論のところの「毒薬のダンス」について言いたい。土方さんの言うのと違うかな。ぼく、一回、大野さんと一緒の舞台に立ったことがあるんですよ。両国のシアターカイでやったときに、舞台にあがれと。それで「盲蛇に怖じず」で、大野さんと舞台で対面した瞬間に、普通と違うんですよね。すごく怖かった。ものすごく怖いと思った。自分でそう感じるのが不思議に思うくらい怖かった。豹みたいな感じがした。さっきの毒薬じゃないけど。説明できない。ちょっとすごいなと。

森下　それもあるから、土方も「大野先生」となったのかもしれませんね。

吉増　ぼくのは一瞬でしょうけども。

司会　一九九六年、『花火の家の入口で』という舞台ですね。

吉増　実におもしろい着想を大野さんはする。そこはやっぱり天才的なところがありました。詩の中で視覚的に言語が上下する動きがあるんですよ。ぼくの中の「石狩シーツ」という作品自体も大野一雄の石狩と関係があるんだけど。上下に言語が動いている。それに大野さんが反応して、「言語の階段だ」なんて、それを舞踏にしようとする。大野さんの着想というのはすごく怖いんだ。土方的な着想じゃないんだよ。そこが違う。その舞台は、作品としてはあまり大したものじゃないけど、その途中で出合った本当の大野一雄って怖かった。

森下 どこに飛来するかわからない。

司会 その前にマリリアさん、荒木（経惟）さんも大野さんとやりましたね（『彼岸から』一九九四年）。

吉増 マリリアさんとは、ぼくが書いた詩で、一九八六年の朝日の元旦号。「春の野の草摘み」という朝日新聞の元旦号に出した詩で、一所懸命に書いた。いまだに残っているけど、「河の女神の声が静かにひびいて来た」という言葉。何度か読むし、大野さんが非常に気に入って。だから、そういうところに大野さんのすごいところがあるの。文学的なものや、なにかを見るポイントが、土方さんとは違うんだよ。すごい直感力がある。それでマリリアさんと一緒にやって。竹橋（東京国立近代美術館）の展覧会でも映像を流した。大野さんの中で、「河の女神の声」が常に響いていた。自分のものにしちゃっているかもしれない。そういう接触の続きですよね。接触で思い出しますけど、中川幸夫さんね（大野一雄とも舞台を行った）。ぼくも母も祖母もお花をやっていたから、中川幸夫さんに接していたのね。それが石狩で中森敏夫を通じて、またつながるということが起きていました、……。

笠井叡、詩人たち

吉増 笠井叡氏との慶應大学日吉での舞台は（『閃光のスフィアーレクイエム』二〇一〇年六月）、わたくしも大学で詩学の講座を持っていて。笠井叡氏のところに行っている学生さんたちがわたくしのところ、三田の教室にきたとか、いろんな要素が重なって。森下さんと一緒に笠井さんの家に行きましたね。

森下　私にとっても貴重な体験でした。先生と一緒に国分寺の駅から天使館まで歩いて行くことから始まりました。

吉増　もう一つ話題にしたいことがあって、「現代詩文庫」（思潮社）に、三好豊一郎さんの本がある。三好豊一郎さんという人は、吉岡実さんとは別の形で土方さんに近い。詩人としては非常に優れた人で、ボードレールをやって、八王子の暗闇の詩人です。土方さんがその三好さんをとても好きだった。そして土方さんが三好豊一郎論を書いた。非常に大事な文章で、その文庫にぼくは人物論を書いている。三好豊一郎を介しての土方さんとのつながり。これはだれも触れられないようなものだなあ。

ぼくを土方巽に引っ張ってくれた詩人が一杯いるけど、なかでも飯島耕一こそが、土方巽の魂を知っていたという気がする。飯島さんは朗読大嫌いで、自分で書いた詩を土方に読ませたの、秋田弁で（ラジオ「明治百年記念シリーズ第一九集〈八月の詩〉」文化放送、一九六七年八月）。あれも大事ですよ。あそこへ射程を伸ばしていく必要があるな。

森下　アスベスト館でそのリハーサルするときは、踊りながらやったとか。

吉増　そこの舞踏論は学者先生さんがたが書くことようなことでは届かない。飯島さんが亡くなった追悼のときに書いたけど、新宿のバーでの飯島さんの出版記念会で、土方巽が立ち上がって、「飯島君は、いいよなあ。おまえさんの詩はピアノの音がするよな」って言った。「えっ」て。すごいの。土方さんもショパンかけてぱっぱっぱと舞台やるけど、飯島さんのお母さんはピアノの先生だった。詩の構造がそうなんだ。それを土方はすっと言った。

司会　笠井さんについてはいかがでしょうか。

吉増　総じて、一九六八年、六九年、七〇年、七一年、七二年。隕石の落下の痕跡のままがいかにすごかったか。稀有なエロスの天使のような笠井叡もそのまんま残っているし。すぐそばに三島さんがいたわけですよね。そういうものが残っていて、頭の中の記憶が燃えた隕石のまんま、四十年後にぶつかるわけじゃない。そうすると、それはどんなふうにといったらいいのか。記憶は焼け焦げていくし。自分の中でも齟齬《そご》が起こりますよね。だから、それは最初に受けた焼け跡がいかに激しかったか。すぐそばにいた恋する女の子、その場に女の子までいるくらいの焼け跡だからね。そういうものをつくるのはというのは。まあ、森下さんが涙を流すっていうのもそれに似たことだけど、途方もないことだね。

森下　当時の若者が舞踏に触れると、どっちの隕石に触れるかというのがありました。土方と笠井。どっちに行くか。笠井さんのところに行った人のほうが多かったようですね。

吉増　そうだろうと思います。E・Cというイニシャルの当時の僕の恋人もね、……笠井さんの弟子になった、……。もう一つものすごく大事なこと。話題に出たけど、死後、『慈悲心鳥がバサバサと骨の羽を拡げてくる』という本を出した。これは命名は吉岡実さんですけどね。声の舞踏、文学だ。この声を筆耕する、筆耕して本をつくってしまうというのは一種の暴挙でした、……。残された土方巽の声の舞踏というか、声における文学の舞踏だよね。これの波及力、力というのは、これから出てくるものかもしれない。まだまだ未知のものだろうと思う。それにぼくは手を貸した。というよりも、それに荷担したな。夢中になって荷担した。実際に土方さんの声を持って歩いて、自分の声にもうなっちゃっているよね。「と

ってもさみしねくてねえ」って。「ムイント・ソジーニョ」って、ポルトガル語にして覚えちゃっている。（笑）

こういう声の舞踏の道を初めてつくったのが土方、これははっきり言える。いま言える限り、間違いなくそうです。声による文学の舞踏の扉を開いたのは、亡くなった土方巽であると言える。ぼくはそれに荷担しているからね。

今日、しゃべってみて、あのころは、とんでもない力の傷跡を残したことがわかりました。そこでぼくも詩を書いている。だから人ごとのように語れないのよね。『貝殻追放』という詩があって、あのなかに土方巽が出てくる（三八頁）。そういう時代だった。

司会　当時の一番きっかけでもある激しい熱の時間というのがある。舞踏は激しい熱でもあった。舞踏の熱量。舞踏の激しい熱。このお二人のお話で、まず、読者のみなさんに、そのエネルギーを体感してもらえるといいのではないか、と思います。本日は吉増さん、森下さん、ありがとうございました。

（二〇一七年十一月十三日、於 慶應義塾大学アートセンター、司会 志賀信夫）

第一章　土方巽

貝殻追放——飯島耕一風に

土は貝殻追放《オストラシズム》を熱望する
聳えたつ貝殻
そそりたつ貝殻
聳えたつ
薄紫色のストローを詩が通過する
猛然と通過する
狂犬の霊感は天に接する巨大な卒塔婆《ストゥーパ》だ
土は貝殻追放《オストラシズム》を熱望する
あるいは熱望しない
金塊を破壊し
土壌を破壊し
貝殻が地中を移動する
貝殻が地中を移動する
陰部《ほと》ばしる

ほとばしる春の土壌の下を
ほとばしる春の土壌の下を
貝殻の一団が通過する
ほとばしる泉のもとを
貝殻の一群が通過する
彼らが口々に絶叫する
彼らの狂乱の脳髄
ああ　なんたる、白色の
便器との接吻！
ああ　なんたる、座礁した
都市の土台との接吻！
翼部から血を射出して前進する帆立貝
古生代シルリヤ紀の化石軟体動物、アンモン貝
巻貝、鳥貝、二枚貝、口を半開きにし赤い舌状の足を垂らす馬鹿貝
　ども
すべて下等軟体動物の石灰質の外被
外被、死骸類がにわかに行動する
貝殻追放《オストラシズム》がよみがえる

貝殻がよみがえり
にわかに激しく文明の地中を疾駆する
都市の地下街の下で
彼ら、彼女らの長い眼は金髪を狩る
眼は金髪を狩る
眼は金髪を狩る！　あるいは壊滅するシェル石油
都市の地下街の地下鉄の下を
金鉱を破壊し、土台を侵略し
貝殻が行動する
しかし
土は貝殻追放《オストラシズム》を熱望する
土は絶対王制を熱望する
土は私有制を熱望する
我ら貝殻たちも私有制を熱望する
熱望しつつ口々に接吻し、陰部《ほと》ばしって
疾走する
土は激怒する！
なんたる人臭い土だ

百姓は激怒する！
未発掘の貝塚が猛烈に激怒する
なんたる土だ！
なんたる貝だ！
貝殻は沈黙しない
聳えたち
そそりたち
砂を激烈に吹きあげ
ひさしを直立させて怒号する
蝸牛も旧家を引いて猛然と疾走する
貝殻の一家眷族が狂いたつ
土は沈黙しない、さらに貝殻追放《オストラシズム》を熱望する
接吻は噛みあう！
土壌ゆれうごき、貝殻闘争
貝殻、生々《なま》しく、陰部《ほと》ばしり、地表をめがける
土は激怒し、両股で締める
土は激怒し、子宮に壁を造営する
腹黒い大きな地球だ！

貝殻が怒鳴る
なんだ脳天！
なんだ脳天
土も
聳えたち
土も怒鳴る
なんだ我が腹中の下等動物
なんだ死骸めら！
貝殻は連帯する
ガラスの破片、古釘、あらゆる無用の破片
廃物たち聳えたち文明を攻撃する
口々に叫ぶ
戦争だ！
地球はもう一個の遊星を内部に敵とした
ついに
貝殻戦争だ！
銅鉾、銅鐸は博物館から去る
焔が疾駆する

地上の穴という穴
地上の河という河
低きところ高きととろ
全て伊賀ノ破袋の大亀裂が生ず
おお　猛烈ノ貝殻戦争だ！
おお　土方巽！
猛烈ノ長髪だ
激怒して疾駆する帆立貝
激怒して疾駆する地下鉄道
激怒して疾駆する地下水道
遺恨が猛然と聳えたつ
犯罪が猛然と聳えたつ
下等が猛然と聳えたつ
詩篇が猛然と聳えたつ
噴墓が猛然と聳えたつ
聳えたち
土と刺しちがえ
全世界の渚で

狂乱の
貝殻追放《オストラシズム》が現実化する
狂乱の接吻が現実化する
全世界の一隅が土と刺しちがえ
金髪ガ化石ノ穴ガアル
マタ
接吻
貝殻追放《オストラシズム》！

注：オストラシズム（ostracism）紀元前五世紀、古代ギリシャで行われた僭主出現防止の市民投票。僭主の可能性のある者の名を陶片（オストラコン）に書いて投票し、票が一定数に達すると十年間追放された。陶片追放、貝殻追放、オストラキスモス

廃星は淋しさに宿る——土方巽氏に

廃星は淋しさに宿る／「さびしね」（そのね、……）のふかいところに
——その木蔭にしばらく佇んでいた
「骨をはずす、……」こたぁ出来やしないが／骨をすこおし折ることはできて
——その木蔭にしばし、佇んでいた
「雨樋《あまどい》、……」をはずすことも／鋳掛屋《いかけや》であったことも／わたくしはないのですが、……
——その木蔭にしばらく佇んでいた
だれにも〝休め〟を、云はれなくって／その木は、木蔭にそっと親指を出してみた
——その木蔭にしばし、佇んでいた
「五反田」／「麻布」／「有栖川公園」……／「目黒」／「白金」／何処とか／ここかに、
——その木蔭／木蔭に「並んでよく夜霧に打たれていた」

廃星は皮膚もかはもなくなっちゃったと呟いた／木製ベンチ一脚が忘れられていた
――その木蔭にしばし、佇んでいた

廃星のする、振付けといってたってもね／「嘘だっていい／嘘だってあったほうがいい、……」と、……
――その木蔭にしばらく佇んでいた

廃星はねぇ、永い宿世が怖ろしいからね、／「水のなかの金盥《かなだらい》」に下ッてッて
――その木蔭にしばし、佇んでいた

廃星は／木枯しに／乗って／田圃まで／来て／そっと／つぶやく

「てやんでぇ、……」
――その木蔭にしばらく佇んでいた

親指が隠れますように／わたくしは爪隠しの下駄買った／親指の隠れますように
――その木蔭にしばし、佇んでいた

「空地に茄子を植えてしずかに暮したい――霊魂がさわぐ」
――その木蔭にしばらく佇んでいた

薺、わたくしは、なずな、ぺんぺんぐさ、さ、さ、その、さわいでだ、／霊魂さ、……

「てやんでぇ、……」
――その木蔭にしばし、佇んでいた

廃星だッたッてよぉ、わたくしが、も、「川流れの水瓜《すいか》」と「一緒に」ながれて行きたい！
――その木蔭にしばらく佇んでいた

濃い／鼠色／灰色／美しい色の／消し炭の
――その木蔭にしばし、佇んでいた

「てやんでぇ、……」

――木蔭にしばらく佇んでいた

——木蔭にしばし佇んでいた

ちいさな廃星、昔恒星が一つ来て、幽かに〝御晩です〟と語り初めて、消えた——新版（盤）を聞いて

遠い、〝水のない水の道〟に、舞踏家は身《ミ》を躍らせていた。想像の水裏《ミズウラ》（それは、裏道《ウラミズ》でもあったのだ）に、……。もうひとつの身《ミ》が、それ（水の存在）を確かめるように、〝これ水だよアァタ、、〟と発語していた。その刹那、わたくしも〝（土方さんに倣って「皮膚《ヒフ》」といわず）水の皮《カハ》、……〟をみた、……（落ちて来た、……）この声が、美しい、雫《シズク》だった。

………

あらたに発見された、（何処かに眠っていた、……）土方巽氏の声のテクスト。

………

本版（ＣＤ）のために、その準備の途上で、大内田圭弥氏（映画『風の景色』監督）のもとにあることが判った未編集の原盤らしいテープの「土方巽の声」を聞き、わたくしはしばらく茫然としていた。

〝初まりがここだったとは、……〟、心中の驚愕の小声を翻訳してみるとこうなるだろうか。〝水の縁〟を

頼りに〝架橋－言語〟と名付けてもよいだろうか。フリー・ジャズ演奏の始まりのように、……、〝**テストと云うわけでもないのだよ君**〟という土方巽の発声の、その〝君〟に、そして、……水壁のむこうに、……、何か名状しがたい景色をみた気がしていた。判らない。しかし、〝君〟という（遠い、……）表記は、動かない。

……

もっと〝誤記〟を、〝火〟か〝湯気《ユゲ》〟のように、茫茫《ぼうゝ》と配管して、それが不思議なデッサンとなって立ち上る「テクスト」（〝地図／水脈〟）を作りたかったが、他日を期す。しかし、その萌芽（あるいは〝水煙《ミズケムリ》〟）は既に〝土方テクスト〟の上（あるいは下）にあって、強い力を漲らせている。〝水煙《ミズケムリ》ということ〟が、この〝水煙〟が、いたるところに〝穴《アナ》（管《くだ》）〟をつくり、そこをつたい、途方もないところに貌をのぞかせる〝土方－幽霊－言語体〟の精髄であるのか。〝湯気《ユゲ》〟もまた、……。

……

（大内田氏）え、あの、なんか、自分の、……思う感じで、長さも、やって下さい。

あ、あい。

（女性の声）テスト？　これつ？

（大内田氏）うん、テスト、とも、なんとも……。

（土方巽の声）テストと云うわけでもないのだよ君。

ええい、ええん、こっけこっここここここここコーーーん、いーーー、ーーー、ーーー、ーーー、ーーー、ーーー、（だって）雪がふらなくて、水がなくなって、川がなくなって、学校《ガッコ》行くにミズ（道or水）もなくなってしまって、川さぢゃぼーんと、フんブく、コケオーッっていった時、ザクラッとして、やっぱりじゃぼーんといって、これ水だよアァタ、（息遣い）ていって、つぎはじゃぼーんと水と風さがこそこそ（*orこつこつ）冷たくチャクチャクチャクチャクチャクチャクチャクチャク、……ウッウッウッウッウウウ（低い声で）そんとき、ガサーッ、とっ、てネ。（小さな舌打ち）なあんに、（舌打ち）パパイアだのマンゴーだのバナナだの台湾砂糖だの時計草だの聞がねえ、いっッぱい、俺のしらない名前みんな書いて来て、うーんと喰って、腹下《はらくだ》して、病《やつ》れたような写真送ってさ、いい男だったのよ。だから俺その時にね、駅さ迎えに行ったの。ドリアンだとかマンゴスチンだとか喰いたいばっかりに。まだバンコックにいる、トタン商《あきな》ってる、姉《あね》はん訪ねて行って、俺ホントにその思いは、わたしの思いだったのに、……。だって、何いったって判ってもらえねえ。なあンに。マレー半島、オダとシュウキンカンの剃刀《かみそり》に、パアーーッとやられてね。（声を落して）水裏*歩いて居るときに蚊柱《カバシラ》にやられてね。頭《アタマ》も少しおかしくなってね。そのときなんかクルムカセン大劇場の天外天《ワン》ていう劇場で会ったペトロシカ、……（こゝで、声に、激《が》しい、エネルギーが入り……）……タッ、トッット、トットッ、……、あァーア、ーー（息遣い）ーージョorジャ、（息遣い）ジャ、ジャングルのカバ山へ入って頭《アタマ》おかしくなって、慈姑《クワイ》のあたま程に、ちぃーさくなって、助けて呉れー、あんぐに死なして呉れーて、何処に人に見つかって、、それはね、そんなこといったってね。……（語気強く）何ッと、てえい、チぃー、般子《さいころ》にね、初めて踊りッ子《コ》つかまえたのね、砂糖黍畑《さとうきびばたけ》なのよ。身《ミ》、ドボッと投げて、あっさりと、パーーよ。ねぇ、ジャン・ジュネだって小さくて、俺だって小さかったよ。なぁに、マスタベーションなんか、なンも覚えなくて、たゞシーーーーンと、、、しんと砂糖水《さとうみず》のンでるときに、コテッと把《つかま》ってね。元《もと》々《ゝ》踊るなンて、こうい（語気おもく強く）うところから把るンぢゃないかと、……そういったんだよ。（つゞく）

……

こゝではない別の入口を、（土方巽氏が亡くなられてもう十年になる、……）沁ミじみとした語りの入口の始まりを、聞きつづけて来ていた。それも捨て難い。いや〝捨てる〟というよりも、この言葉の幽かな弱い力に、わたしのなかの言葉たちが〝拾われた〟のであったのかも知れなかった。〝……とっても淋ミしねくてネ〟。南秋田のこの言葉に、そして南ダブリンのジョイスの声に、わたくしは確かに拾われていた。

それはまた途方もなく、非常に、〝はるか遠くの、……〟〝さミしねの、……〟（核《サネ》の根《ネ》の）入口であったのであって、吐息溜息まじりに幾度も聞くうちに、その声の根は、もはやわたくしのなかの宿木の根のひとつとなっていたのだった。〝……とっても淋ミしねくてネ、ジュースばっかり飲ンでるでしょう、わたし、……〟。〝水の道〟は、ここへとつづいていた。そうして、無心に〝土方言語〟の「筆耕」をつづけて行くうちに、わたくしのなかにも〝核《サネ》〟のような、「言語－幽霊」が立ちあらわれていた。〝淋ミしねくてネ〟の〝さね〟がそれにあたる。〝水の道〟に混《マジ》る〝ジュース〟の帯《オビ》が、……。そうね。下痢《ゲリ》といったら、誰かが〝くすッ〟とわらった。

〝ちいさな根《ネ》〟が〝核《サネ》〟が、さらに〝皮《カハ》〟（キャラメルのヒラヒラ）が、〝粃糠質《ヒコーシツ》〟（あるいは皮硬質）や〝固《コ》形《ケイ》〟に、〝樋《トヨ》のように、……〟の〝樋《トヨ》〟（これも水の道）〝競馬チック〟にも、……、その〝ちいさな根《ネ》〟をさらに遠くから揺りうごかすようにやって来た命名（『慈悲心鳥がバサバサと骨の羽を拡げてくる』『病める舞姫』第六章、九六頁。吉岡実氏）の力は通じている。チックがいい。とてもいい。

　与えられた紙幅も尽きようとして、書肆山田版『慈悲心鳥……』（一九九二年刊、りぶるどるしおる6）の読者諸氏に報告をしたい。絶品といってよい、スイカの個所。上流から下流から？　流れて来たの？　土方さんのもっとも明るい声によってあの大惑星スイカの、立ちのぼる響きと匂いがあらわれるところ。未編集原盤には、ゴシック表示の一句が隠れていました、……。

………

　子供の頭、それを、パン、と上からおとすの。ね、そのマナイタも、小さくなきゃいけないの。オーーーンと割ればいいんだよ。すと、ブ（初出〝プ〟）ーーーンとにおってね、スイカが、川流れのスイカだ。ねえ、わたしね、もう、ミズザマシになると一番好きなんだよ。ね、だって、し、死んだ人と一緒に食べられるスイカなんかもおいしいんだから。ええ（笑）、いまのバカヤロウはそんなスイカも喰ってねえんだろう。オオバカヤロウだよ！　ざまみやがれ！　ほんとに、そう思いませんか。**思いませんかも、なにもないよな。人がどう思おうが、不味いもの喰って生きてるんだから。ええい、よくよくだよ。**（小声で）

ほんとに、……。

土方巽／遠さ

〝……トッテモ、サミシネクテネェ………〟この言葉から初められる、故土方巽氏の、もう、そう、なくなられてから六年にもなるのか、凍土のかぜに折れてふるえてる、小さな細い茎の言葉、かすかな、異形の、胎内の、何物かの、小さなものの佇いを、その姿を、かぜにただ耳をすまして聞くように、さ身？　この言語テキストの後半に出て来る〝実《ミ》、核《サネ》〟、さ根《ネ》？　あるいは、赤子の手が掻く疱瘡《ホーソウ》や〝はたはた、……〟や(森永)キャラメルの清潔に折られた包装の〝物〟の〝音〟に、長い間、耳を傾けていた。それは宇宙の塵や細かな星屑に当たっては、い折れ、光速で、しかし静かにとどけられる奇蹟的な羽音《ハオト》であった。

muito sozinho、ムイント　ソジィニョ。これは詩的ないいかたですが、わたくしはこんな（会場の壁をさして）影を連れて来ております。この絵馬も（下げて、揺らし）会場（サンパウロの美術館の一角、九一・一一・一三）におみえの沖縄あるい九州から南米大陸ブラジルに来られて、多くの方々が、お祖父さん、お母さんのときからでしょうか、本当の生活を、送られたみなさんの生きてこられたこととくらべてみましたら、……わたくしのこうした夢や詩や影ではなくて、とカンピナスからわざわざやって来られた若い記者の問にこたえながら、きのうここで、自分の影をみながらこれは思いがけず、はっきりして来たなと自問自答しておりました。ご挨拶に東北の言葉で〝おばんです〟と上手にいえませんので、（それでいつも色んなテープを持って歩いているのかも知れません。貝沢小錦《コネン》さん（アイヌの）とジェイムス・ジョイス

（作『フィネガンズ・ウェイク』の）と秋田生れで六年前に亡くなられた土方巽さんの声をいつも連れて歩くようにしています。）僕が、挨拶しますより、土方さんの声を聞いていただけませんか。〝とっても、さみしくてね〟、アントニオ野尻先生、淋しはポルトガル語でどういいましたか？〝とっても……〟muito、この優しさ、豊かさ。muito sozinho。ムイン、ト、ソ、ジィニョ、muito sozinho。

ちいさな廃星、昔恒星が一つ来て、幽かに〝御晩です〟〝bon dia〟〝boa noite〟と語り初めて、消えた。そんな印象が稲妻となって生じていた。紹介をし、挨拶をしながら三、四秒だろうか〝とっても、さみしくてね〟、これだけでボタンをオフにした、土方巽氏の声の出現は、こうして忘れられないものとなった。わたくしにも、会場の方々にも。判らない、死者の声ははこばれて、そして年をとって行くのだろうか。声をはこんでいるわたくしの脳裏には、明るく澄んだ稀らしい〝死んだ人と一緒に食べられるスイカなんかもおいしいんだから〟*のしろかよねしろかむかいのしろのねぷたの睡るようなあまい雪の色も映っていたのだろう、〝あまい雪の色のような、……〟土方さんの声が、わたくしの脳裏に投射（遠く映しだ）されていた。もう、五十回、百回とこの声の根の、涼しさ、遠さを聞いていた。不図、わたくしにとって〝土方巽の声〟に耳を傾ける、根の言葉にこうして出逢ったと思う、それは〝遠さ〟であった。この〝遠さ〟を、根か切株か、あるいはどこかの山際の接木に、宇宙の敷石にして、もういちど土方巽という、謎の、稀有の舞踏家の姿を脳裏に映してみる。〝さみしね……〟の〝実《ミ》〟や〝核《サネ》〟を、夢中の切株や根に、何処かの田の畔《クロ》に残る雪にのびる手の触覚を、口に、口籠るようにして。わたくしにとって舞踏家土方巽が決定的だ

*六三頁

ったのは、日本青年館での『肉体の叛乱』[*]もさることながら、新宿文化での『骨餓身峠死人葛』[*]ではなかったか。

　舞台上手に霜柱のように立つ、土方巽の微動だにせず／微動していた、いつまでも〝遠く〟記憶の奥に立つ姿が忘れられない。日常の土方氏と幾度となく逢会したこともある。吉祥寺のバウスシアターの廊下（長椅子）に坐って膝を接して故吉岡実氏と話しこんでいた姿。あるいは、たしかあれは一九六八年の厚生年金での笠井叡氏の夜への道であったろうか。塀にいまにも消えて行くように、板塀にそって歩いていた着流し姿の土方巽氏。あるいは三好豊一郎氏の受賞式のあとのどこかの二階、亡き中桐雅夫氏とおしっくらまんじゅうをして酔っていい合っていた土方氏。だが、わたくしには〝遠い〟〝土方巽〟があるばかりだ。どんなに激しくとも、変転めまぐるしい言語の舞踏であろうとも、わたくしにとっては奇蹟的に遠いと

＊一九六八年
＊野坂昭如作、人間座公演。嵯峨美智子と共演、一九七〇年

ころからとどけられる言語があるばかりだ。この〝遠さ〟のためだろうか。筆記のきっかけとなったのは、釧路の小林東さんの〈ジス・イズ〉だった。土方巽氏の言葉を聞きながら、わたくしは銅版への打刻をはじめたのだった。何だったのか。何だろう〝立って来るもの〟への畏怖と憧憬。〝舞踏は命がけで立ち上った死体〟という有名になった言葉よりも、同書『慈悲心鳥がバサバサと骨の羽を拡げてくる』五七頁の建売住宅の話が。その〝立って来るもの〟、プリン、スプーン。金属のちいさな嵐を立てている。スプーンから建売住宅に思考が移る。わたくしは、ここも物音で聞いていた。ガリッ、バラッ、プリ、バラ、ボキッ……と。そうして宇宙を一周して来たかのように、土方巽氏から嘆息が漏れる。〝ポトーーン〟と。こうして物音を聞いて読むのも一例に過ぎない。もっともっとあることだろう。味触覚。唇触覚、硝子覚。

雨の日に電線がスパークするような感じのもので、ヂヂヂヂヂぃ――――って音たてて……上手に上手に舐めまわって　一三頁

一升壜からダラダラダラダ――――って畳の上に水垂らしている人みてね、わたしはね、そういう人たち何が恐がってね　一六頁

ガスストーブにも、ババババァ――――っと煙出して、白い歯出してわたしにね、わらったおなご居たの。　六頁

ガラスは、何を食うのかね。ガラスというのは、食わないよ、犬の歯は何を囓っているのかね。　『美貌の青空』二四頁

「慈悲心鳥がバサバサと骨の羽を拡げてくる」

（『病める舞姫』から、吉岡実氏によって名付けられた――一九七六年八月於アスベスト館、大内田圭弥監督、映画『風の景色』撮影の際に土方巽舞踏譜として自ら語ったものと記載される――）「録音」、「舞踏譜」を、わたしはこうして熱心に採譜し、それをちょうどその頃通っていた多摩美術大学の学生に、わたしの手書きの「筆録」をわたしして、みなで耳を傾けるようになっていた。「肉体言語」といういい方をするよりも「舞踏言語」といういい方をするよりも、譜といったほうがよいのか、……。（二十二年後、この「舞踏言語」を標題とする、……「本書」の日が来ていた、……*2018.4.15*追記。）油画科の中野愛子さんが正ちゃん漫画をさがしだし、建築科の銘苅靖さんは「泥棒に昼間菓子を食わせると泣くもので」という個処*のことを話してくれた。銘苅さんは故土方さんと親しい松山俊太郎氏に師事していた。グラフィックデザイン科の杉田明利さんは、手書きコピーを特装本に作り上

*一三頁

げる仕事を始めて、二冊の稀らしい書物が出来上っていた。こうして〝土方談話〟に耳を傾けた短い歴史を辿ってみるとき、その声が、その声の彼方の実在がいかに不思議な道を通ってわたくしのなかに浸透して来たか、判る気がする。土方さんの口から嘆息が漏れるように、明るい雪の泡、川流れの（ペロラッとした）スイカやら湯気や髪の毛の燃やす火の出て来るところ。それらが〝ぎゅったらァぎゅたら〟とではないがわたくしのなかに入って来て、少しかたむいた棒となって住むことになった。〝燃えるお母さんの髪〟のところは*、土方さんの、そのお母さんの着物の奥に住んでいた〝火〟と〝ボボボボッ……〟この発語に幽かな、髪の色の美しく焼けるような（お母さんの）匂いを感ずる。それは、何だろう、これはそうだと説明しようとすると遁走してしまう、そう〝湯気〟のような、存在の火だ。湯気や煙りがすきにわたくしもなった。蝶々の言葉*は、どう表記したらよ

＊三九頁

＊五〇頁

いのかわからなかった。その表記を一心にさがすことが無上のよろこびとなった。それは表記したものの境界で、薄いその境域で発語に苦しんでいる詩人にとって？　採譜というよりも、筆録の運動は、初めて誕生する〝凍土のかぜに折れてふるえる小さな細い茎の言葉にふれる歓び〟であった。だから〝蝶々の言葉〟の直後で、土方さんが一瞬の間を置いて〝誰も生れていないんだからね。みんな帰って下さい。〟と静かに発話され、かいまみえた、白い肌の雪の地が、わたくしにもわかる気がしていた。触れえたように思われていたのだった。でもわたくしは果《ハテ》だ。

もう少し遠まわりをさせて下さい。七〇年代の中頃であったろうか、土方さんが沈黙に入った時期とかさなる。東京で行われる舞踏にも、新宿の芝居にも足が向かなくなって、わたくしは東北へと旅をするようになった。なんだろう。まだ〝わたくしのなかで生れていない場所〟を求めて、

〝初めら れる言葉を求めて〞、〝遠く〞へ行こうとしたのだ。気がつくとわたくしは、恐山の巫女の傍に坐っていた。（こんなことをしなくてもよかったのだけども、でもね）眼をとじて、一心に初めて聞く言葉に、盲目の方の世界の光に耳を澄ましていた。戻ってすぐにとび込んで行ったのがこの本の版元書肆山田だった。まだ訛りを濃く残す鈴木一民氏に聞きとりと、それよりも喜びをつたえることが目的であった。鈴木氏は土方氏とも親しかった。どんな話し方をしたのかまったく知らない。こうして少し自由な気持になって、本書の成立のささやかな経緯を書くことが出来てわたくしは喜びを感ずる。たとえしかし、土方巽氏が〝わたしねえ、嬉しいなどというものには、キッパリ、けりつけようと思ってね〞とどんなにいおうと*（そんなこと聞こうと、聞こえようと、もう、どうでもよかったのだった）わたくしはわたくしの〝嬉しさ〞の発芽を追尾する。土方巽の声の根は、そ

*一五頁

の発芽と生育の瑞々しい確認となった。ありがとう。まだまだ書きたいこと聞きたいことも多いが、明日への宿題としたい。亡くなられるちょうど一年前、朝日ホールで土方氏は「衰弱体の採集」という講演を行った。客席にいて、弱ってられるなと感じつつその「衰弱体の採集」という土方さんの考えに、この言葉が当たると思う、震撼／ふるいうごかされていた。近着の「テルプシコール通信」№33に中村文昭氏の次のような記述があった。「ある日、アスベスト館は公演の準備におわれていた。私は迷惑をかえりみず土方を訪ね、忙しく人々が動きまわる会場でかれと談笑の時をもった。最晩年にちかい時期であったが、具体的な日付けは想いだせない。〝中村氏は、聖母子像について語ったことがあったね。聖母が幼子《おさなご》を抱いてる絵画は一杯画かれているけど、幼子が聖母を小さな手で抱きあげてる聖母子像、あるいは、神聖受胎の絵で胎児が聖母を内側から抱きかかえてる絵はないと。〟私はふかくうなづいた。そして、しばし時がながれ、土方は急にセザンヌの絵画について語りはじめた。〝今まで、衰弱体の採集をつづけてきたんだけど、セザンヌの絵にとても不自然な余白があるね。画いたのか？　画けなかったのか？　消したのか？　わざと画かなかったのか？　とにかく弱い余白がボッと生まれてしまう。セザンヌじしんもう分らなくなっている余白、とても弱いもので衰弱体としか言えないような余白が……。そうしたところに神はにじりよってくる。〟」中村文昭氏に、この注目すべき土方氏のセザンヌ論のことを詳しく聞いてみたかったし、氏と創造をともにした時間の長きにわたった中西夏之氏に（中西氏に話しかけている気がする個処についても）聞いてみたかった。そして、なによりも、土方さんが語りかけた言葉をその風を最初に受けた磨赤兒氏の話を。最後に、これはどうしても日本語を読むことの出来ない方々にもと、頼んで、急ぎ訳してもらったテリー・シャーウィン氏訳、談話の終り、集中、白眉といってもいい個処の英訳を添えます。〝一緒に食べられるスイカなんかもおいしいいんだから〟という個処"Hey, an' eatin' watermelon with a d-dead man can make it ever-so-tasty."と訳されて、優しい、異色、稀らしい香りが立って来ていた。アメリカの大学で、ここを耳にした方々に、こうしてつたえたい、運びたいと願いつつ、そして、きっと色々の不首尾を土方巽氏の心友であった吉岡実氏にお詫びをしつつ、わたくしはわたくしの〝遠い旅〟のひとつを終える。ありがとうございました。

（一九九一・一二・一七）

燔犠大踏鑑《はんぎだいとうかん》

およそ数十万の言語や言語の断片、かけら、その音色、形態、リズムが棲みついているこの頭脳は、この頭脳という局部は一千年ほどおくれて存在している、そんな感慨が湧く、そんな感慨は同じく頭脳から湧きだすのだが、そんな感慨が湧きだすのは、土方巽氏らの舞踊をみているときだ。みているのではないかも知れぬ。視線とか視覚とかいう奴の根元を指先で押しこんで、それみたことかと、頸骨をへし折らんばかりの動作をしてみることとかも知れぬ。そういえば数年前も一夜土方巽氏の舞姿を真似て少しばかりの骨は一瞬鶏鳥《にわとり》になった記憶が私にも鮮かに残っている。土方巽氏をみていると、頭脳のなかの薄明か、黄昏か、ボケた白昼かそんななかで不死鳥、禿鷹、または青い鳥でも飼って、頭脳の湖の霧たつ後方の岬へ、死の船なんぞを陸続と漕ぎだしたりして、水藻燃ゆるが如き湖水の脳葉に触れ、触覚手足を自由にのばして死せる王国を漂泊する、こんないわば想像力の水あそびなど、たちまち凄絶に色褪せるのである。定義することと不能な舞踊——人体の動きを目撃して、かくして数十万の言語、言語の破片断片、音色、形態、リズムを死蔵する頭脳は、およそ一千年、二千年遅れたことを知ってたちまち青ざめる。青ざめた頭脳の表情は舞踊家の顔に鏡となって投影されるのである。

私は唐突に刀身をおもい浮かべる。深夜、蠟燭に照らされる刀身を直視する剣客は彼の頭脳活動の全貌をそこにみていたのではないかと。閃光が走る、すると渚を彼は疾駆している。輝く剣の尖端をすべりおりる最後までの動作が刀身にうつしだされている。脳髄の舞踊家、血の舞踊家として。彼が生涯刀を抜かぬならば、彼が生涯刀を抜かず実際に闘わぬなら最も優雅で軽快な舞踊家として……。

踊らぬ肉体とは醜いものだ。なぜかしら土方巽氏の夕には私のような観客には実際に異様な事態が起こる。洒落ていえば〝踊らぬ醜い肉体に女が憑く〟とでもいおうか。一夜は日本青年館前で激しい恋を一つ拾った。別のときには名状しがたい、まさに〝私のナジャ〟の肉体を醜い肉体のまま、千年遅れた頭脳を生首にのせて貫通した。これは証明（アリバイ）のない実話である。ただ、千年遅れの狂想の頭脳のため実際の光景を紙上のスクリーンに鮮かに投影できない、それだけのことで、もし私が巨大な猛虎か黒豹であったなら、一挙に宇宙の涯に踊りだしていってしまったであろう。

舞踊帝国もあり、音楽帝国もこの世に存在するのであって、みたことも聞いたこともないが「頭脳警察」という警察もあるそうだ。じつにこのような頭脳は破滅に瀕しているのだ。新宿で土方巽が踊っていると、新宿で東北の精神が踊っていると、千葉から、歌う埴輪の眼が行列埴輪のなかから、そっと覗いていないとだれが保証するのであろうか。

北の舞踊家土方巽。

頭部とはなんと軽いものであろう！

あれは

雪かもしれない。

……………

さてどう書くか。

文体も土方巽のつむじ風をくらって疾風のように走りださねばなるまいが、書きはじめたとたんに、舞台のフィナーレの光景が眼前に浮かんでくる。拍手のなかで、若き舞姫たちをしたがえた土方巽が、お手々つないで、何度も舞台の前面に、挨拶のために前進してくる。土煙りをたててダダダダ……と前進してきては、お辞儀して、舞台の奥へひきさがる。再び、土煙りをあげてダダダダ……と土方巽と舞姫たちは前進してくるのだ、この舞台のフィナーレの光景が眼前に浮かんでくるのだ。

ダダダダ……という音で私は表現しようとしたが、実際の舞台のそれはもっと優雅でほほえましい感じを与えるものだった。もう一度やってみよう。土方巽を中心に一列にならんだ舞姫はフワァーとスカートひるがえし、土煙りをたてて舞台前面に挨拶のために前進してくる。もう少々うまくいおう。

もう一度やってみよう。土方巽はハッ、ハーハーハッ、とかけ声かけながら舞姫たちを観客にお披露目に前進してくる、何度も何度も……。くりかえされるにつれて、やがて、その舞姫たちの足がダダダダ……と観客の頭上を荒々しく踏み渡ってゆく。またもダダダダ……と引潮となって引いてゆく。その波はまたやってくるのだ。

こうしたフィナーレの光景がいまも眼前に浮かんでくるのだ。

なぜフィナーレの光景が私にはこのように強く印象づけられたかというと、それまで舞台上では、上手から下手へ、あるいは下手から上手へ、激しく圧倒的なリズムにのって舞踊が進行していたが、フィナーレになって突如、舞踊の運動というか進行の軸が急転し、観客の頭上を襲う角度に変わったからであったのだろう。

しかし、これはフィナーレ。挨拶である。

会場は明るくなり、観客は興奮からさめているのか、新たに寄せてくる興奮を感じているのか、いずれにしてもホッと吐息をついて、この華やいだ挨拶のシーンをみていたようだ。

見事なフィナーレであった。そして、見事な挨拶の舞踊、挨拶のしぐさであった。それまで舞台上では、右へ左へ、下駄の音も高くガタガタ、ガタガタと舞姫、舞手たちは疾駆した。ガッ、ガッ、ガガガガッ、ガッ、ガッ、ガガガガガガッ、その音のなか、雪も降り、音楽帝国でのワルツもあり、眼ひんむいて恐るべき遠方をみつめる舞姫（芦川羊子さんか）の眼もあった。

そう、昨年の十月二十五日から十一月二十日まで「燔犠大踏鑑《はんぎだいとうかん》」――第二次暗黒舞踊派結束記念公演と題され、新宿アート・シアターで公演された五題二十七夜の土方巽氏の舞台のうち、私は最初の「疱瘡譚《ほうそうたん》」をみたのだった。

はじめは「疱瘡譚」「すさめ玉」「碍子考」「なだれ飴」「ギバサン」の五作品全部をみようと決めていたのだが、いまとなっては、「疱瘡譚」をみることができただけでも幸運であったといえる。

土方巽氏の「燔犠大踏鑑」上演の時期と同じ頃（十一月十日〜十四日）、私どもは池袋で「人形劇精霊棚」という、舞踏家中嶋夏さんの一行と劇画家林静一氏によるふすま絵、それと翠川敬基、藤川義明氏の音楽に詩朗読がからむ一種の実験劇を上演していたため、残りの四作品は見そこなったのは残念だが、私には「疱瘡譚」の一夜だけでも十分であった。「芽生えにおいて現われ、最後の公演において昇天するピエタとなって天翔った土方巽は、その後久しい沈黙に入った。それから五年、天上界で培養していたいずれも一騎当千の騎士たちを従えて、いまや黙示録の日のように、天上から濛々たる砂煙を上げながら大道辻にふたたび降り立つのだという」（種村季弘氏・公演パンフレットから）。たしかに日本青年館の天井から吹き抜け、昇天するピエタとなって天翔った土方巽はいとも軽やかに新宿の板ぼこり（こんな言葉はないが）のなかに舞姫たちをひきつれて舞いおりてきた。そして例の、ダッ、ダダダダダッ……と観客の前面にせりだしつつ華やかに挨拶をしたのだ。人間座公演・野坂昭如作「骨餓身峠死人葛《ほねがみとうげほとけかずら》」において土方巽氏は直立したまま微動だにせぬ氷柱の如き姿をみせてわれわれを戦慄させたが、いまにして思えば、土方巽氏は自ら意志して仮死状態の凍れる人体を舞台に直立、釘づけにしてみせたのであったのだろうか。あの、肉体のどこの個所も全く腐敗、醜さを感じさせない神々しい姿が、私には衝撃であったが、いまは懐しい仮死の、永遠の人体として懐しくおもいだされるのだ。今公演の「疱瘡譚」をみたかぎりでいえば、私ははじめて土方巽氏の本体をみたような気がする。例によって千年致命的におくれた頭脳の発する言語だから、最高の讃辞の発見も千年致命的におくれているが、私は優雅という言葉、優雅だなあという非常に複雑な感情が土方巽氏の舞踊に関して定着しつつある。それは氏門下であろうか、笠井叡氏の天使性とはいささか異なっていて、土方巽氏の優雅は、絶対的な境界線へ軽やかに踏みだしてゆく、真の肉体の美しさである。この地獄ではあれほどの頸骨の壮大な曲り方は不可能に近い。ガニ股とは素晴しい宇宙の曲り方であると土方氏は語る。おそらく、谷崎潤一郎もそれをいっていたのであった。しかしガニ股から、ガニ股からはい出して、ガニ股の窓から出てしまえば、そこから先はただ巨大な太腿がストレートに林立する、異国《とつくに》の、もうひとつの死の国の悪夢が待ちうけていて、もう一度、出発、仮死、飛翔ははじまるのであろうか。判らぬ。それは土方巽氏の肉体に聞いてみよう。首の骨を傾けて……。

聞くところによると、土方巽氏の「燔犠大踏鑑」は詩人瀧口修造氏に献げられているという。

私はこの文章で土方巽氏に最高の讃辞を書こうと試みたが、書きだしてみると私自身の頭脳への呪いが生じ讃辞となりえぬのが無念だ。極北へ、極北へ、首の骨は壮大に曲って、鳥のように、不明の空をめざして歌うべきもの、そうした意地にも芸があるとするなら、私にはそれが不足している。

しかし、不足とは、凄まじい怨念の片足かも知れず、千年致命的におくれた頭脳のてっぺんから、不足という名の足が、脚がはえて、頭上の天空を踏んで踊りだす日も、近々来るのかも知れない。すると……すべての舞踊が色褪せて、ババババッと、不足曲足がステップを踏んで踊りだす。

土方巽はその空模様をかいている。

航海日誌　1970〜1972

1970.11.2　羽田発パンアメリカン707でアメリカへ。一時間おくれて、3：40 take off. 非常な不安に胸ふさがる。理由判らず。なんだかすべてに不吉だ！　気流悪く、ベルトを締めていないと危険というアナウンス。奇怪な雰囲気からぬけだして、おれはどこへゆくのだ！　機上で日記を書きつづける。

眠らず。whisky 飲みつづける。ようやく右前方から美しく夜があけてくる。あと一時間ほどで San Francisco, 大好きな雲海を眺めつつ落着きはじめる。

7：30（San Francisco 時間）land on 税関を通ると Mr.YOSHIMASU！ Mr.YOSHIMASU！と叫んでいる中年のアメリカ人がいた。

★

土方巽は凍結した氷柱のように、結晶した死体に似て舞台に立っていた。それはほとんど呼吸もせず、いかなる生気も観客につたえてこない稀にみる一瞬の出現であった。

文章化することは全く不能の、また写真や映画でも撮影不能の一瞬であったのだろう。こうして書きつつもその瞬間は土方巽が放射した霊気をあたかも、海の彼方を濃霧をとおしてみるように追体験するように試みる他ない。

その時、土方巽は恐るべき人体の、来たるべき人間の原型であった。そして土方巽の体内に棲む死者が、この稀代の舞踊家の肉体の凍結を利して、土方巽の肉体の戸口から舞台へ一歩踏みだす姿がみられたのであった。

舞台には異様な静寂がみなぎっていた。この異様はまぎれもない、日常の、平常の世界の強圧下に無言のうめき声を発している死者たち登場の前兆であり、狼火であった。土方巽は死者たちの入口であり出口であり、磔刑《たっけい》されたキリストに似ていた。

しかし、キリスト磔刑図にみるような苦悶の表情はなく、また苦悶が一転して喜悦、恍惚の絶頂に変わる西欧宗教画にみるような表情はなく、土方巽はたとえば一本の樹木をおもわせて舞台右手に立っていたのだった。

この稀代の舞踊家が舞うのではなく、土方氏自身の公演の際のように激しく物質としての人体の極限を舞ってみせるのではなく、自分の肉体を静まりかえる恐ろしい次元に建立したかのようであった。そう、舞踊は建築に似ている。この時ほど土方巽という舞踊家の巨大さ――土方巽の孕んでいる世界観の巨大を意味するのだが――にうたれたことはない。

場所は新宿アートシアター。いつもは実験芸術映画、新奇前衛の外国映画をみせる劇場である。劇団人間座公演、脚本山田正弘、野坂昭如原作の『骨餓身峠死人葛』の舞台であった。原作の主調低音である仏教の死生観が舞台の全体を支配してはいたが、それでもこの舞台での見物、真に衝撃を直接与えるものは土方巽という存在と土方巽の示したいいがたい変身といおうか、突然の昇華にとどめをさす。

雪ふれば野路も山路も埋れて遠近《おちこち》知らぬ旅の空かな（西行）

西行という歌人は幸運な才能を持つ。叙景がこれほど精神的な深みの一点をつきうるのは詩人最大の光栄であるのだが、この白一色の世界の全貌、つまり白色のなかに白色の、幻の旅人がみえなくなってしまう、その姿を、土方巽はあらわしていたのだった。西行の歌と土方巽のかさねかたは唐突におもわれるであろう。土方巽のこの舞台での立姿は、ただ雪がふっている、その雪のように純粋、しかも恐ろしい優雅と、典雅をかいまみせていたのだった。

いま私が書きつつあるこの文章を読まれている読者は、土方巽の舞台姿を能の舞台をみるように想像されているかも知れない。ことに右の西行の歌を引用したことによって、私はたしかに能の舞台に似た空間に土方巽をさそいこんだようである。

西行の歌を引用し、白色の、雪のイメージを呼びこもうとしたもう一つの理由は、土方巽がしばしば語る、彼の生国の雪深い土地が私の頭をかすめたからでもあろう。

はたして土方巽が、この西行の歌の、あたり一面白色につつまれる光景を、彼のもつ雪の原感覚にてらしてどう読むことであろうか。おそらくこの歌に重大な異議をとなえるとおもわれ、その異議のなかには恐ろしく生々しい、この西行の歌の底、埋もれた雪の底部に生きた人々の声が浮かびだしてくるとおもわれるのだ。

だから土方巽の舞をみつつ、雪のイメージを招きよせ、西行の歌を仮の道標のようにその舞台空間に立てて、そうしてふたたび土方巽の舞の発生してくる根源的暗闇をさぐりあてようとして、私もまた簡単な構図、仮小屋に似たものを建てたらしい。

こうしてみてくると西行の歌がなにか頼りのない、表面にただふりつもった雪の光をしかとらえていない歌にみえてくるのだ。そう、西行のこの歌は旅の歌、旅人の歌であって、旅人の眼にうつった茫漠とした雪景色、道も道標もなく行手を見失って途方にくれる姿が浮かびあがってくる。しかしこの雪景色の下には西行にはみえもせず聞こえもしない、雪とともに住む人々の生活の呼吸音が存在しているのである。

またたとえば芭蕉の、

風流のはじめや奥の田植歌

などにしても、旅人が聞いた田植歌の軽やかな楽しさ、旅人ならではとらえられぬ移動する感覚がみられはするものの、その田植歌自体の圧倒的噴出には縁遠いものだ。日本でも多くの歌は旅を基調としている。そして歌人、詩人は貴種遊離の趣をつねにもち、故郷、都を離れて漂泊、放浪の旅に出て、都をしのび、故郷を想う詩歌を残している。この軌跡をおもうとき、この旅の行程になる歌だけでほんとうに深い根源的な表現がなされると考えがちな過ちに気づくことがある。

土地には必ず精霊がいる。そこを訪れるもう一人の生きた精霊なる詩人の魂魄を土地の精霊は必ず激しく攻撃し、殺害にかかるはずであり、その激闘の痕跡を残さぬ表現は、たとえば西行、芭蕉といえども脆弱なものとしてしりぞけるべきだ、とぼくは考えはじめている。事情は明治に入ってからも同様であったのか、石川啄木の北海道行をおさめる有名な「一握の砂」を読んでみても、必ずしもその土地にふさわしく、その土地の人々によろこばれるものばかり歌っているわけではない。

土方巽の舞をみつつ、暗い舞台の片隅に白布をまとって静かに立っている土方巽氏の姿をみながら、想いは右のような歌のこと、土地の精霊と漂泊してきた歌人の発する言葉のみえざる交叉にすすんでいったのだったが、土方巽のあの姿はおそらく我々がはじめて眼にする厚い時間空間の闇に、かくされていた人間の姿なのであろう。それが時に幼児のように嬉々として遊ぶようにみえ、優雅な身振りをみせるのに、ぼくは戦慄したのであった。

宇宙……といってよいだろうか、可視的な世界をはるかに越えて恐るべき厚みの世界が存在することに気づくのだ。

何度か深夜、部屋のなかで土方巽氏の身振りを真似てみて、狭い部屋のあちこちを踊ってみて、勿論とうていあの凄絶な舞に及ぶべくもなかったのだが、ふと不思議な新しい身体の存在、すきまが身近に出来はじめるのに気づいたことがあった。

なにげなく、虚空をつかむふりをした。そして首の骨を鳥のように、空飛ぶような気持で不明の方位にむけてみたり、手首をなにか蛇のようなものに変化したと信じこむふりをして曲げて、部屋の中心にむけてみる。一人で不思議な遊戯にふけったわけだが、こうしてみて人間の身体がもっと自由なもの、肉体自体がもっと自由な発展を可能にする建築物体であり、結晶体であることにすぐさま思いいたるのであった。ジャズメンにまじっての詩朗読のさい、人体も楽器ではないかと書いた。音のなかでいきなり共鳴震動を開始する肉体の不思議について書いてみたが、土方巽氏の舞踊を真似てみることによって、今度は自分の肉体が本当はきわめて自由な空間構成を持つ建築体であることが実感されたのだった。

そして、土方巽氏が一個の凍結した結晶体のように動きも少なく直立してみせた、そのただ立ちつくすことすらも我々は出来なくなっている。これは舞踊家や俳優だけにかぎっていわれる専門的なことがらを越えているようだ。また俳優や舞踊家、あるいは芸術論のわくのなかに封じこめる必要もなく、日常の我々のしぐさの固着化、そこから生ずる世界の固着化と不自由を端的に感じて行動にうつし、語りつづける必要がある。

それぞれの人間がただ立ちつくす、立っているだけのことにさえ、我々の身体は耐えられなくなっている。このことを美学的に、あるいは舞台上の俳優論にかぎって語る必要は全くないのだ。自身の肉体を大勢の他者の眼前にさらすことを業とする俳優、舞踊家によって、しかも土方巽氏という稀代の舞踊家によって、はじめて我々の身体が自律的な躍動を失って、まるで死者の骨のように、また腐臭はなつ肉となってこの世界に沈んでしまっていることを知らされるわけだ。

この無言の踊り手の魔神のような姿をみていると、世のあらゆるスポーツの類いが、むしろ人体を見えない規律でしばりつけるひどく兇悪なものだという感想さえ湧きあがってくるのであった。

土方巽は精霊の存在を身をもって明示したのだ。

土方巽はまた精霊の肉体性といおうか、亡きものの実在を孕んで次のような言葉を示すこともある。

「私は、私の体の中に一人の姉を住まわせている。私が舞踊作品を作るべく熱中するとき、私の体の中の闇をむしって、彼女はそれを必要以上に食べてしまうのだ。彼女が私の体の中で立ち上がると、私は思わず坐り込んでしまう。私が転ぶことは彼女が転ぶことである。というかかわりあい以上のものがそこにはある」

『中央公論』一九七〇年十一月号

土方巽氏のいう「かかわりあい以上のもの」という言葉に注目すべきであろう。土方氏の肉体に住む一人の姉は実在した土方氏の姉でありながら、この女性は我々の間に住むもう一人の姉につながる。人間のうちなるもう一人の人間。

土方氏の舞が精霊の歩行、舞台上に嬉々として踊り出るさまは、いまここで書くことは不可能に感じられるが、新しい宗教性をみせはじめているのだ。宗教性という言葉はうまく当たらないかも知れない。文字通り非常に優雅な姿で精霊、霊的なるものが我々の肉体の動きとともに現前するのだ。

「男たちは醜く、表情は暗く、苦悩の色を浮かべ、やつれた顔つきでやせこけている。未来を持たぬ卑小な使用人の物腰。ひたすら服従に慣れた下級下士官の態度……豚のような小さな眼をして、歯は触歯だらけだ」

アンリ・ミショー『アジアにおける一野蛮人』

悪魔祓いの詩人、メスカリンの詩人アンリ・ミショーの日本人論の一節を、今朝（十一月二日）新聞で目撃する。ぼくも今日午後空路アメリカへ生まれてはじめて歩を運ぶのだが、このミショーのいう卑小な日本人でもあろう。そしてぼくもまた土地の精霊の一化身でもあるのであって、あの恐るべき悲惨を奥深くに孕みつつ、典雅に舞う土方巽まではゆかずとも、もう舞うための準備は完了だ。

旅をおそれよ。

西行とても白色風景のなかで盲いていた。

ミショーはかろうじて地獄図の一端を、それこそ土方巽の肉体の底を、その死の河原を静かに漂泊する死者の悲惨をかいまみた。

そう土地はいぜん恐るべしだ。

さらに旅をおそれよ、おそれよ。

11.2 San Francisco

この霧たちこめる美しい都市。幻影の都市だ。大型アメリカ車がゆっくりと走っている。美しい！

この風景は終生忘れられぬ。whisky を買って陶然。

やや汚れてみえるのが夢でない証拠だ。

やがて数日後、この陶酔を追跡して詩作した。この無惨な失敗作をみよ。この失敗も夢の必然。旅に詩はついに吸いこまれたかのようだ。恐ろしい土地の精霊の移動。

旅をおそれよ。

一九七〇年十一月二日
早朝のサンフランシスコ霧につつまれ
亡霊のように大型シボレー音もなく走り去る
朝霧たちこめ
星条旗、もっとも美しく死体を空に葬る、はためき
朝霧に一人迷い、幽かに病む、幽かな戦慄！
漂泊する旅人、半分くらいの天使、秘かに朝霧に半旗かかげよ
静かに頭脳の扉をたたいている狂った天使、半天使よ
静かに言葉の中心をたたけ、静かに狂気にむかわしめよ、はためき
音もなく、音もなく、音もなく
日記帖にアメリカと小さく書きこんで
真紅のシーツのうえで夢に犯される、雪ふりしきる夢をみる
静かな白紙の大暗礁だ、はためき死体置場に白紙は迷う、天文台の発狂を目撃したのか夢はゆっくり狂っている、シャンデリアはためき、シャンデリアはためき、星条旗死の赤い線を彫《え》りこんでゆく、重い鉄扉ゆっくり開き、あれは死の船か、夢のなかでも恋人想うように狂気の一瞬を回想し、混沌、夢はゆっ

くり狂っている。黄金の船を塔上にはこびあげる船唄を聞きながら、燃えろ、燃えろ、燃えろ、燃えろ、燃えろ、燃えろ、燃えろ、燃えろと死語を絶叫しつつ雪ふりしきる、真白い剣の道へむかう、白紙の大暗礁！　夢はゆっくり狂っている

やがて
ヨーロッパじゅうの犬がいっせいに吠えだすとオーデンの書いた漆黒の闇に入ってゆくのか
フォード車と交尾して
赤とグリーンの奥深い入江からナンタケット島に渡ってゆくのか
静かに、静かに
アメリカの死棺、はためく
黄昏の、幽かな発狂へ
淋しげに霊魂が歩いているのがわかる、幻の十一月の武蔵野もはためき
静かに
言葉が漂泊している
静かに、静かに
出土するものがみえている
静かに、静かに
頭脳の塔よ

「漂泊の歌」『中央公論』一九七一年一月号

恐怖感が音をたてている。失敗しているが、フォード車あたり、ローウェルの詩句が混入している。なぜかいとしいような、そんなやつだ。

★

11.3　アイオワ。

人間追跡——土方巽

一度新宿の街角で着流し姿の土方巽氏とすれちがったことがあった。凄絶なとしか形容しがたい舞いをみせる土方巽氏の、街頭での歩行はどんな風かとしばしその姿を追ったが、壁のようなところかものかげにそってスッと消えていってしまったのが印象に残る。

土方巽はときおり非常な優雅をみせる。涙がこぼれそうになるような優雅、名状しがたい軽さをみせる。幻の、精霊のようなものが土方巽の肉体に憑いていて、それが舞いのある瞬間に肉体から離れて浮びでてくるのであろう。

ヒョーヒョーと音たてつつ死の王国に遊ぶ優しく幼いものたちが、土方巽の肉体に遊びにやってくる。この優雅がなにものにもかえがたい感動を巻きおこすのだ。

「骨餓身峠死人葛」の舞台では、土方巽は幽冥界から静かに静かに浮びあがって、磔刑されたキリスト像よりも深いなにものかを我々に印象づける、そう死の結晶体として直立したのであった。

踊る土方巽

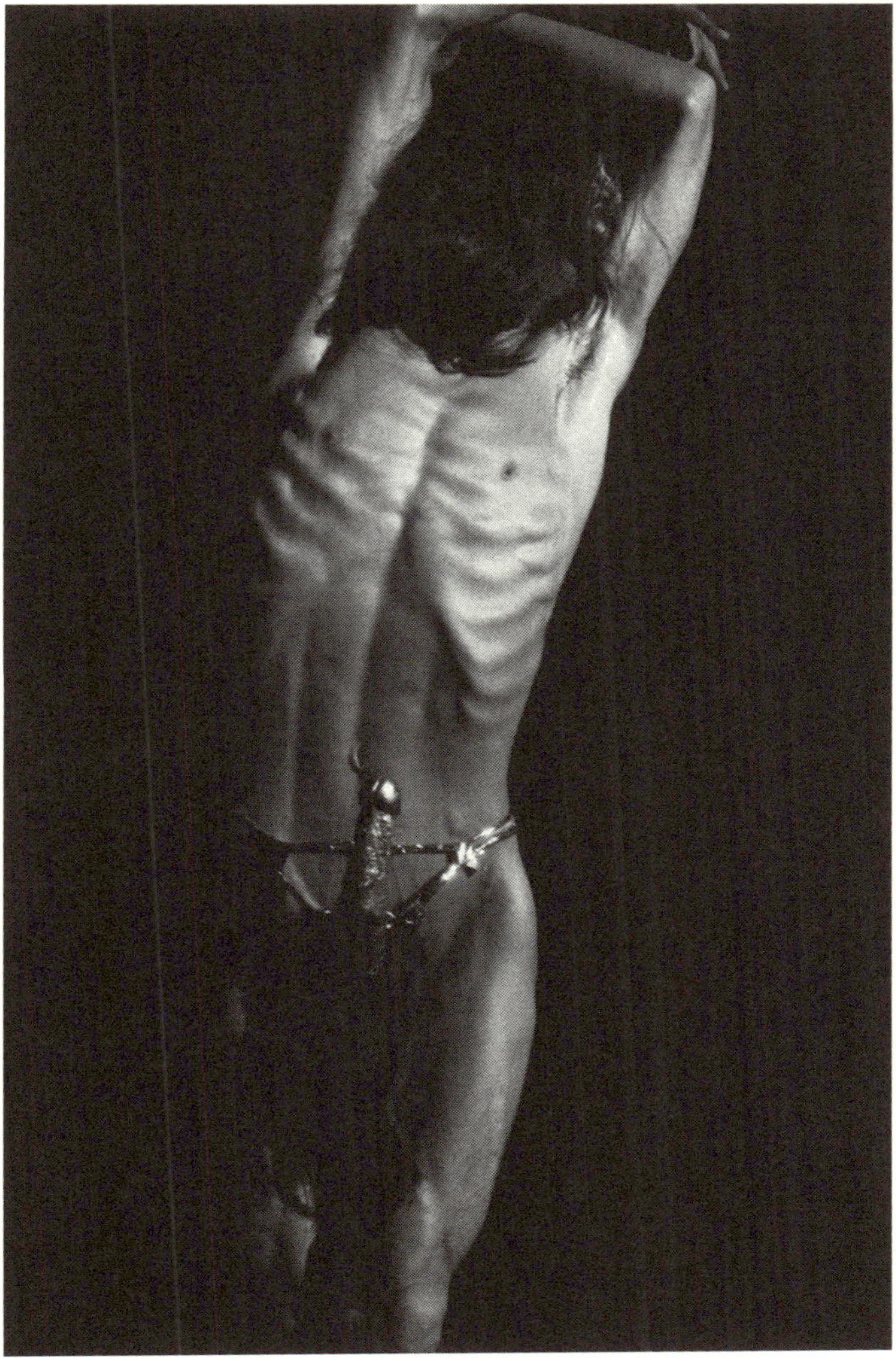

土方巽『土方巽と日本人 肉体の叛乱』1968 年。撮影：鳥居良弾

土方巽『土方巽と日本人 肉体の叛乱』1968年。撮影：長谷川六

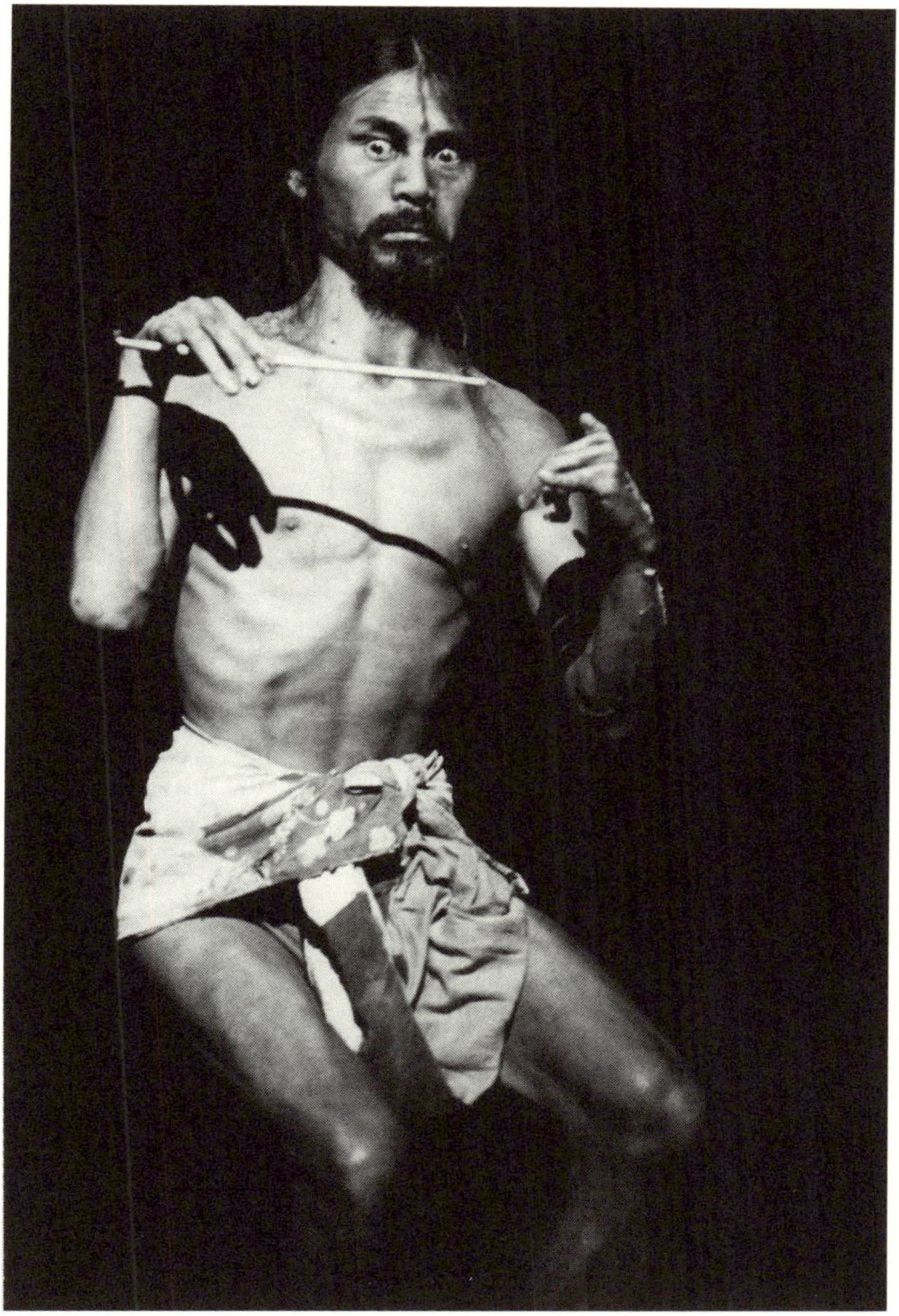

土方巽『骨餓身峠死人葛』1970年。撮影：細江英公

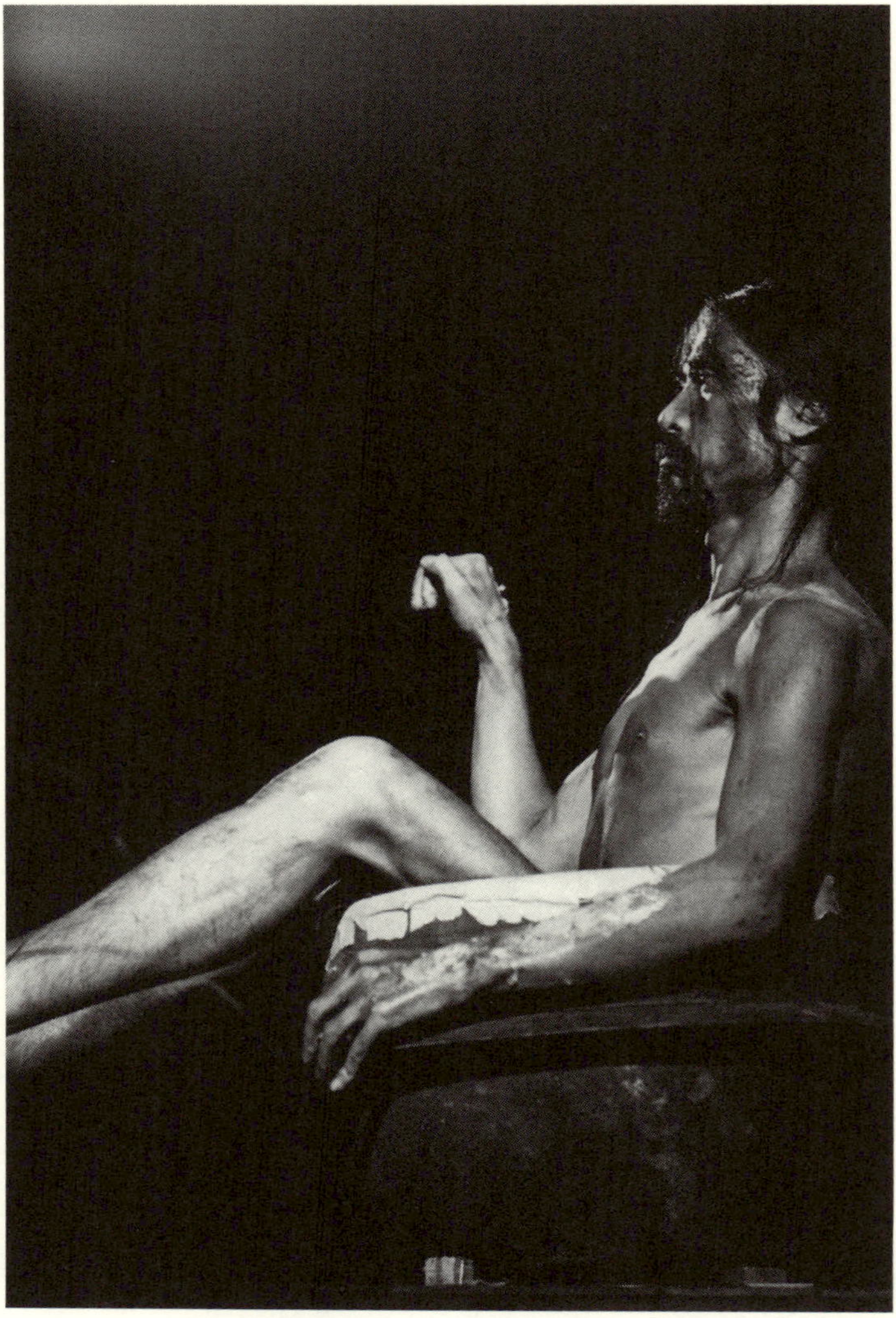

土方巽『骨餓身峠死人葛』1970 年。撮影：細江英公

土方巽『疱瘡譚』1972年。撮影：小野塚誠

土方巽『疱瘡譚』1972 年。撮影：小野塚誠

第二章　笠井叡

さあ、これから、もっと、これから――笠井叡氏に、

（今日、おいで下さいました、これはみなさんへの「お土産詩」です。貧しいものでしょうが、笠井さんへの敬意を込めて、一心でした。最終行〝ジョンジョン〟は、佐々木喜善《きぜん》さんの『聴耳草紙《きくみみそうし》』からでした。吉増）

「さあ、これから、もっと、これから――笠井叡氏に、」

14 FEB 2013、……朝、笠井叡氏の思考と言葉の葉脈や和毛《にこげ》のようなところから書き初めていこうとする、こころの下の方から何故か、〝別の手が、……〟乃、津《ツ》、吹《ブ》、矢《ヤ》、樹《キ》、……〝さあ、これから、もっと、これから〟と、タイトル（名札）を削るようにしていたことに、傍（そば）でみていて〝こころ、……〟が驚く。15 FEB 2013、……林浩平先生に「金時鐘さん全資料」とハコに送りだした。次の朝、……右の〝削る〟が、そぐわないな、……という、幽かな吐息、溜息の下のイキ緒、木久（きく、…）ようにしていたとき、〝笠井乃K、…〟〝金氏乃K、…〟〝削る乃K、…〟ト、聲が、巣留《スル》、……。

「K乃小聲、、、ハ、北上川乃聲であったのかも知れなかった、……」

12 FEB 2013、……小雨の巴里、まだ五時半ころ*Montparnasse*、バスで*Charles de Gaulle*空港乃ベンチで、……木のベンチではなかったのに、何故か、木の香がしていた。…何処まで、この書物『カラダという書物』(二〇一一年六月、書肆山田)緒、手が操(く)るようにしたときに、十六日の北上に向けて詩篇緒綴ろうとしたのか、……。あるいは、これは、北上の今日のみなさんね、……二、三〇分前に、細い樹のようにして立った〝*K*乃小聲、……〟乃、一行であったかも知れませんですね。いま、語尾の〝ね〟に点を添えていて、怖ろしい気がする。この稀有な書物乃、たとえば、三十八頁乃、〝一人の人間の内面と自然界の内面としての「宇宙」は、直接一つに繋がっています。〟に、こころの小枝は、はじめてのかぜにふるえて、初めて、……

「*naimen*、、天衣無縫乃*naimen*、、」

等、津、吹、矢、居、手、……、イタのはカクジツであった。〝無縫、…〟(も)…笠井さんが一瞬にして、〝天啓のように、……〟学ばれたらしいドイツ語が、(あとがき二八八頁)仄かな麦の穂が匂うようにか、*naimen*と綴ったときの、瞬息を聞くようにして、……乃、パウル・ツェランの、……聲乃、記憶、……笠井さんほどに、不、伽、居、…ではないのだけれども、すべてが溺れてしまいますような、…ドイツ語が、…この書物の「あとがき」(二九二頁)にも、パウル・ツェランの詩の〝魂の明るさの/花柱/荒廃した天の/花糸と共に、/花冠は/私たちが歌う/(引用の傍に、小枝がさし延べられるようにして、……)〝OH、……乃聲がした、花柱、は確かグリッフェンという発音であったのではなかったか、〝笠井さんのドイッ語〟を生きて、こんな非、々、樹に出逢うことになろうとは、……。わたしたちが購う／深紅の言葉で／赤く／うへで・おお・荊のうえ。

「OH、溺れよう、OH、溺れよう、、、」

根っ子、木株のような *Charles de Gaulle*、……笠井さんの『書物』（五十四頁）、……リルケ乃、……〟どこにこの内部にふさわしい外部があるのか〟12 FEB 2013——16 FEB 2013…不《フ》、刺《サ》、ワ、椎《シイ》が、…何が、獨りぽっちの樫の木の扉が舞っているように思はれて、…（この喩、ツェランのものだけではない…）…の総（ふさ）に、五日間、わたくしは、溺れていたのかも知れなかった、……。笠井叡氏の書物と連れ立って、北上へ、……。おそらく、……不図、別の手が綴った〟北上〟も、不《フ》、伽《カ》、之《シ》、……。しかし、この総（ふさ）には、天の羽衣（一三五頁）も、その横にそっと（吊り）下げられているのかも知れなかった、……。

「総（ふさ）に、わたくしは、五日間、溺れていたのかも知れなかった、……」

名乗る、……口上緒、……ページから、……。誰に頼まれたのでもない、……文字たち乃波の濁り緒、…績《ウ》ム、紡《つむ》ぐが当たっている、二〇一二年の二月、…もう、一年余、北上乃みなさまへ乃、…一葉の詩篇、…三〇三葉、第六部で綽名緒、罫（*K*）君としようとしていて、夢と現《うつつ》の総《ふさ》から、聲がした、……。無印の修正テープの丸い子が、……〝ぼくが罫（K）君、……〟とはしゃいでる。吉本隆明氏乃、……〝詩の命（いのち）、……〟乃ような『日時計篇』一五八篇、……〈天刑〉、……吉本さんが日々刻むようにしている罫（けい）乃小聲であったのかも知れなかった。

「K君乃小聲、、、Kasai乃、、、罫《ケイ》と、私は津《ツ》、吹《ブ》、矢《ヤ》、久《ク》、……」

「クァサイ　アクイラ」（一六五頁）

五十七頁、…笠井さんは〝能楽師は三歩の歩行運動に一生をかけるのです等、……。でも笠井さん、私はその〝三歩〟を、一九六八年、厚生年金小ホールでみていた、……瀧口さん、三島さんと一緒に。さあ、Ｋａｓａｉさん、……

「総（ふさ）ションションション、総（ふさ）ションションション、、、」

震災と表現――３・11とは呼びえない事態をめぐって

二〇一三年二月に、岩手県北上市の日本現代詩歌文学館で「未来からの声が聴こえる――二〇一一・三・一一と詩歌」展関連イベントとして、吉増剛造と笠井叡の対話とコラボレーションが行われた。そこから詩人の林浩平を司会に行われた対話を掲載する。

震災から

林浩平　二〇一一年の三月十一日に東日本大震災が起こって、詩の世界では吉増さん、ダンスの世界では笠井さんのお二人が、あのできごとを表現のテーマとして、かなり深いところで引き受けられて、その後も、ご自身のモチーフとして活動されていると思います。

吉増さんはその半年後、『裸のメモ』という詩集を出されていますが、３・11の後に書かれた詩が何篇もあります。笠井さんは３・11の後、ひと月もたっていない四月に東京の西国分寺のいずみホールで、ご自身が構成されていたオイリュトミーのダンスを、３・11の死者への鎮魂、あるいは大地の怒りを鎮めるという形で披露された。さらに二〇一二年、黒田育世さんというダンサーの公演『うみの音（こえ）が見える日』（スパイラルガーデン）の振付を担当されましたが、これも３・11のモチーフをかなり重く引きずられていました。さらになんといっても、二〇一二年の一一月の末、舞踏家の麿赤兒さんと笠井さんのお二人が中心になって『ハヤサスラヒメ』という大舞台をつくられた（世田谷パブリックシアター）。これもテーマはそういうところにあると思っています。

笠井さんからうかがいますが、あのオイリュトミーの公演は、最初の企画を全部変えちゃったわけなんですか。

笠井叡　三月一一日のできごとよりも以前から練習に入っていましてね。構成は特に変わっていないんですけども、それを舞台で上演するときの気持ち、なんというんですか、どういうふうな感じで舞台に上がっていくかというのを、一度出演者全員が改めて問われるという、そういう感じがあったと思います。プログラムそのものは予定したとおりでした。

林　私も拝見しましたけど、グルックの曲、『オルフェウスとエウリュディケ』を使われていましたね。あの選曲は３・11よりも前からですか。

笠井　そうですね。練習は前から入っていますから、変えている部分はありません。

林　ただ覚えていますのが、朝日新聞の震災関連のコラム、あれを朗読しながら踊ったことです。オイリュトミーというのは声に合わせて踊るのですか。

笠井　そうですね。

林　ぼくはその『天声人語』で踊ったということにびっくりしたんです（笑）。記事もなかなかいい記事だったと思いますが、ダンス自体が大地の怒りを鎮めるような、そういうふうに見えて、オイリュトミーというのがうまくはまったという印象があったんですね。

笠井　ふつうオイリュトミーのような舞台の場合には、たとえば和歌とか短歌とか詩というものが中心になるのに、そのときに『天声人語』を使ったのはちょっと珍しいという感じですね。『天声人語』の文体という、なんというのでしょうか、ややドキュメント風の文体で動いたというのは初めてですね。

などてすめろぎは人間《ひと》となりたまひし

林　それから二〇一二年、黒田育世さんのダンスを振り付けられたときに、バックの合唱団、コロスが発するセリフの中に、「などてすめろぎは人間《ひと》となりたまひし」というのがあった。すめろぎは天皇ですね。天皇の人間宣言を関係させた。あれは、「こんな大震災を生んだのに、どうして、天皇、すめろぎの力でもって止められなかったのか」というメッセージだというふうにぼくは聞いたのですけども。

笠井　受け取り方は、どういうふうに受け取っていただいてもいいんです。今回の大きな震災でお亡くなりになった方は二万人弱でしょうか。それに対して、太平洋戦争で亡くなられた若い人たちの数は二百万、あるいはもっと超えたと思うんです。私自身が昭和一八（一九四三）年生まれですから、戦争の真っただ中に生まれていて、戦争が終わったときに、子どもとして戦争がどういうものだったのかというのは、わからないままで育ちました。自分の中でそれだけ大きなできごと、あるいは大きな死者を伴うようなできごとに関して、全然知らないままに大きくなっていた。

それで、自分のなかで何も解決がついていないままで、今回の三月一一日に再び出会ったときに、まず最初に自分のなかで、どこにできごとの焦点を合わせたらいいのかということで、非常に混乱したことがあるんですよね。それで、「などてすめろぎは人間となりてたまひし」ということを入れた。

あれだけの戦争を起こした私たち。それまで日本というのは神の国で、天津日嗣《あまつひつぎ》、天皇の一つの霊的な力で神の国をずっと引っ張ってきた。それで明治になって、それまで権力者と宗教的・神話的な権威というものが、別々に育ってきた日本の歴史の中で、突然、その権力と権威が一緒に結びついてしまった。明治、大正、昭和という時代で、天皇が現人神《あらひとがみ》ということで、国民がすべてそこに集中して、あるいは集中させられた。そして起こしたあれほどのできごとに対して、「などですめろぎは人間となりたまひし」という。つまり天皇宣言から人間宣言になり、「神から人間になりました」というのは、本当に大きなことなんです。それは、日本国民全体も含めてですけども、そのときのできごとが私のなかで、解決しないいまに今回のできごとがあった。その話をするとすごく長くなりますから。(笑)そういう思いがあって。

林　これはそもそも三島由紀夫の『英霊の声』の中のフレーズなんですね。

笠井　そうです。

詩人と震災

林　吉増さんは、翌年の二〇一二年、朝日新聞からの依頼で、3・11をどう受け止めるかということで、一二人の詩人たちが詩を発表された際に、吉増さんも詩を、作品を書かれたんですよね。その話をちょっとご紹介していただけたらと思うんですが。

吉増剛造　いま、林浩平さんが紹介してくださったので、そのことから入りますけれども、ぼくは、なかなか詩の締切みたいなものに間に合わない人で、普通の原稿の締切にも間に合わない。そんな途中の原稿を書いていたときに、いまおっしゃったみなさんとご一緒した、敬虔なときが来ましてね。言葉も少し乱れるようなとき。ああ、そのときに、いま出てきた三島由紀夫さんと、「静かな虚空《アオゾラ》」とタイトルをつけて、「ジャン・ジュネ、三島由紀夫に捧げつつ、山口哲夫に、……」というサブタイトルを付けた詩を書いているときに、その『ユリイカ』の明石陽介さんには悪いけど、その締切が飛んじゃった。それを書いていたときにとんでもないことが起きたということでした。この朝日新聞（電子版）に載せた作品は、そこを通行しています。

だから、ぼくは今日はとても緊張し、また、疲労困憊しています。というのは、六日間ぐらいかけて、体にこたえるような思いで、笠井叡さんの『カラダという書物』に捧げる詩を書いてきました。詩は最後に読みますけども、その書物を見ましたら、書肆山田さんから刊行されたのが、（震災直後の）二〇一一年六月なんですね。この『カラダという書物』っていうのは、ある意味で非常に奥深い、あんまり読んだことのないような種類の書物で、これを読みながら詩を書いていくときに、本当に体にこたえて、体の調子、狂っちゃった。この、いま、食べられないような状態になってきていて、なんでしょうね。おそらく影響を受けていると思うんですよ。

だから、とてもそのまわりの波っていうのかな、本当に来た波は、大変な濁浪だった筈ですけれども、違う波を見なきゃいけなくて。『カラダという書物』の中で、それを今日、ぼくは追っかけていますね。表現というのはそういうものですからね。すぐに何かメッセージや何かで伝わるものじゃないし、外れたり、ずれたりして、そこにもしかしたら。うーん、なんでおなか壊したのかなあ。（笑）で、まあ、こういうこと起きるんだろうと思いながら。むかしありますけどね、メキシコのオクタヴィオ・パスっていう詩人が、なんかものすごい大変な原稿を書いているときに、体のどこかに激痛が走って、しばらくやまなかったっていうのね。そういうことが起きるんだろうなっていうのを、笠井さんの『カラダという書物』に感じてました。だから、もしかしたら、わたくしは、そうしたところから入っていく。わたくしたちに見えない「体とは何か」という、そこに入っていくことになりそうですね。

林　このあと、お二人のパフォーマンスがあります。実は三年前になりますが、二〇一〇年の五月に、最初にお二人が慶應義塾大学の日吉キャンパスで、吉増さんが朗読をされて、笠井さんが踊られた。あれが素晴らしい舞台だったんですね。お二人の活動はもうずいぶん長いのだけど、初めて舞台をご一緒された経験だったわけですよね。あのときの経験というのが、今回の読書では。

吉増　いや、それは、ほとんどない。

林　そうなんですか。

吉増　だから、どうぞお手にとってご覧ください。この『カラダという書物』、「カラダ」というのはカタカナで書いてあるんですね。リルケ論でもあるし、パウル・ツェラン論でもあるんです。それから、笠井さんがドイツ語と出会ったとき、ここらが一つの芯でしてね。そういうことを考えていくと、この笠井叡という稀代の踊り手と時間を過ごしたということとは、あまり関係ない。

林　ああ、そうですか。純粋に、笠井さんのこの本との出会いがあった、ということですね。

吉増　この書物と出会ったということのほうが、どうやら大きいなあ。これまで、こういう書物と出会ってこなかったのかもしれない。その前、震災直後は、ぼくは折口信夫をめぐってずいぶん言いましたけどね。それよりも、この書物が、これほどまでに、宇宙の内部と自分の身体の内部、開いていく身体というのをちゃんと出してくれた、そのことの方が一種の衝撃でした。

林　うんうん。

吉増　そのほうが大きい。

林　なるほど。そのご本はいま入口に置いてあります。みなさん、どうぞお買い求めください（笑）。

河口─リバーマウス

林　吉増さん、さっきちょっと申し上げた、朝日新聞からの依頼があって、石狩川の、ちょうどあれは二月でしたか、雪が積もっていたところでの吉増さんの映像がアップされまして、そこで吉増さんが正座されている写真が写っていたんです。それからずっと現在も詩を書かれている。（このシリーズは現在「怪物君」と命名されている）

吉増　金井美恵子が、……「イタコみたいだ」って。（笑）

林　ずっと書かれているんですか。

吉増　そう、だから、あんな大新聞からなんか書けって言われて、本当は逃げて断りたいのよね。だけど、どうしてか、逃げられないところへ来ちゃった。そのときに、わたくしはどうしても「河口」─リバーマウスへ行くと言った。リバーマウスというのは、文明の母体でもあるけども、特に石狩河口なんかは、最終処分場になっちゃっている。そこへ自分を捨てるため、捨てようと思って行って書いていた時期があって、そこがガレキの山になっているのね、船が捨ててある。あるいは、水は逆流してくる、そういうところへ、じゃあ、そこへ連れてってくれと。言ったら連れてってくれた。以前、『石狩シーツ』という作品を書いたことがあるんだけど、その新篇を書き始めた。そういったタイミングではないタイミングが襲ってくるところを、こちらから捕まえにかかったね。

林　そうしたら記述が始まったわけですね。

吉増　そう、今日で三〇三枚。

林　これが膨大なボリュームのあるもの。大きな原稿用紙を使われていますからね。今回展示されています。本にすることはできないような、書物の概念を解体しちゃった草稿の束が増殖中なわけですよね。そのスイッチが入ったのは、やはり石狩の河口の雪の中ですか。

吉増　あとからみなさんに、貧しいながらご紹介してみたいんですけれども、「河の女神の声がきこえて来た」でしょ。アイヌの人たちに、河というものは海から入っていって山へ登っていくっていう考え方がある。それから石狩川というのは、あれが空に映るときに銀河となるという神話がある。そして、この北上のね、ホテルの川の見えないほうへ泊まっていて、裏側へ回ってみたら川が見えた。

林　ええ。

吉増　その川が「待ってたわよ、あたし、さびしいの」って言ったのね、……それを言語化しました。言語化してみて、花巻、遠野をかすって、気仙川を通過して陸前高田へ行った。そのときに気仙川の路肩で、書きつつ気がついたけどね、路肩に車を止めるというのは、微妙な運転者の心理なんですよ。その路肩に車を止めたときに、気仙川らしい存在が、「わたくしのせいなの」って言った。「やべえなあ」って思った。

それはお話にこれから出るかもしれないけれども、同じような経験を陸前高田出身の写真家の畠山直哉さんもしている。ぼくの場合にはリバーマウス、リオデジャネイロもそうだし、あるいはブエノスアイレスも、ポートランドもそうだなあ、カルカッタもそうだ。ああいう凶暴な川の口みたいなところに、そこへ行きつけているから、そういう声が出てくるのがわかるの。北上川は石巻ですからね、特定のその声が聞こえてくるところまで、もしかすると言葉の身体が、少しそこのところへ、手を伸ばし始めたのかもしれない。

林　詩には、いまお話しされたことについて、書かれています。このあと、*gozoCiné*、動画作品で、おっしゃったそのホテルからずっと遡って陸前高田まで行く映像作品を、ご一緒に見たいと思います。

吉増　そのとき何がこうタイムリーな、大事なキラキラっというものを伝えてくるかってのは、後になってもわかんないもんだけど。この会場で展示されていた、大船渡が津波に襲われている様子を映していたスーパーの社員さんのビデオ。それは、紛れもない機械に扱い慣れてない人が撮ったもの。そこにポイントがあったかもしれない。それを見て驚いて、林先生と一緒にお酒飲んで、次の日に一まわりして、裏っ側にあった北上川に会ったときに、「わたくし、さびしいの」っていう声が聞こえたかもしれない。

林　北上川は最後の下流は石巻ですか。あそこが3・11のときは、津波が相当遡ってきたんですよね。陸前高田側が気仙川、その気仙川も津波の被害があった。畠山直哉さんの気仙川の写真集は、その自分の故郷の状況を撮っているんですね。日記のような文章も書かれていました。お母様が亡くなったんです。

吉増　畠山直哉さんの場合、ぼくは感心したんだけど、おぼれている子どもがいてね、呆然と見ていたという話がある。「おぼれている、てめえら、何やってんだ、助けなきゃだめじゃねえか」と言われながらも、しかし呆然と見てる。その呆然と見ているのも人間の側面なのだと。そういうときに作品をつくるのかもしれない。それを畠山さんははっきり言っている。だから、あの写真の構成はそういうふうになっています。あからさまに何とか、そうじゃないの。微妙な発生しつつあるような境界線を、体の境界線をどんなふうにして触るか、そこだろうね。だから、畠山さんのあの『気仙川』(河出書房新社)という写真集は、そういう意味でも実に繊細で奥の深い写真集ですね。

ハヤサスラヒメ

林 それでは笠井さん。さっき紹介したオイリュトミーと黒田育世さんとの作品に続いて、去年の十一月に麿赤兒さんとお二人がタッグを組まれた。これは構成・演出は笠井さんで、その『ハヤサスラヒメ』という大舞台には、本当にわれわれも圧倒されました。それについてお話をうかがえたらと思うんですが。

笠井 日本の神話で申しますと、太陽の神が岩戸の中に隠れて、世界が真っ暗になってしまったときに、アメノウズメという神がダンスを踊って、それを見た神々がおかしくなって、どっと笑ったとかというそういうシーンで再び光が戻るっていう有名な話です。光があって、一度闇になって、人間が踊ることで光に戻る。こういう踊りのテーマですね。

そして、いまおっしゃったハヤサスラヒメという神様は、古事記には出てこない神様。『延喜式』という厖大な文献のごく一部分の中に、大祓いの祝詞《のりと》というのがありまして、その中に記されている神様です。この神様は光を闇にした、光を闇にしたという、光と闇が一つになっている神様です。

大祓いの祝詞の中では、どこにいらっしゃる神かと言いますと、地球の一番の中心、地球の一番中ですね。ここに真っ暗い洞があって、そしてだれも人間が中に入れませんが、そのハヤサスラヒメの洞は宇宙の中で一番明るい。光と闇が一つになったというイメージ。それで、わたくしのイメージで申しますと、こんな言い方をしたら大変申し訳ないですけども、震災を起こした張本人だと私は思っています。

林　ハヤサスラヒメが！　ああ。

笠井　地殻プレートが動いたとかいうことは、たとえば人を殺すとき、マサカリで殺したときに、マサカリが殺したわけじゃなくて、それを打ち下ろした人間が殺したわけで、それをマサカリのせいにはできない。それと同じで、地下のプレートが地震を引き起こしたというのは、私はちょっと違うと思うんです。私はハヤサスラヒメが起こされたことだと、いまでも「固く」信じています。そして、私にとって、自分がハヤサスラヒメとどういう関わりを持てるのかということでないと、三月十一日のできごとは腑に落ちない。

林　そうでしたか！ぼくは単純にハヤサスラヒメがお祓いの神様だって思っていた。そうじゃなくて、闇と光を両方抱えている、というわけですか。

笠井　はい。

林　それでは『ハヤサスラヒメ』の舞台の映像がありますので。その第四楽章。バックの音楽はベートーベン。

笠井　第九。

林　盛り上がったシーンをちょっとご覧いただきましょう。

〈『ハヤサスラヒメ』映像上映〉

林　いかがですか。オイリュトミーのみなさんの群舞がありましたね。そのあとの男性四人、四人四人のうちスキンヘッドの四人は麿赤兒さんのお弟子さんの大駱駝艦のメンバーで、スカートをはいて上半身裸の四人は天使館、笠井さんのお弟子さん。そのあと、笠井さんが出てきて、ラメのパンツに上半身裸で、最後に鬘を被って出てくるのが。

笠井　麿赤兒さんですね。

林　『歓喜の歌』はフルトヴェングラーの指揮でしたか。

笠井　そうですね。

林　あえてベートーベンのこの『歓喜の歌』を持ってこられたというのは、意図するところはどうでしょうか。

笠井　私は今回の『ハヤサスラヒメ』はフルトヴェングラー以外は考えられなくて。それには一つわけがありまして、この曲は一九四八年、つまり第二次世界大戦の三年後くらいだと思うんです。フルトヴェングラーはヒットラーにも非常に愛された指揮者で、それで戦後ああいう形で残ってしまったときに、フルトヴェングラーとしては内的に非常に辛い時代だったと思うんですが、この第九は有名なバイロイトの劇場で合唱付きで演奏されました。この四楽章は、「世界がすべて崩壊して、奈落の底に人類全体が落ちていくときに、いかに人間が歓喜を持てるか」というのをテーマにしていて。没落、つまり人間が崩壊していくときに初めて生じる歓喜っていうものがあるという。それをフルトヴェングラーはドイツ、瓦礫《がれき》と化したドイツという国を具体的にものの形じゃなくて、人間の魂の中から立て直したいという思いがある。それを、この第九を聞いていると感じるんですね。非常に録音は悪いんですけど、ひしひしと伝わってくるんです。

なぜかっていうと、あの合唱を歌っているソリストの声とか、合唱の力そのものが本当に魂を立て直す、魂が立て直されれば、ものの世界も立て直される、魂が立て直さなければ、ものの世界も立て直さないっていう、そういうギリギリのところで歌われた、そういう感じがあります。

林　では、『ハヤサスラヒメ』は最初からこの第九を使おうと。

笠井　第九以外考えられなかった。しかもこのフルトヴェングラーがあったので、『ハヤサスラヒメ』もつくれたっていう感想ですね。

林　そうですか

内部が宇宙に開いていく

林　再び吉増さんの『裸のメモ』の話に戻りますね。ぼくはその書評を『三田文学』で書かせていただきました。そのときにちょっと書いたことなんですけど。3・11の前の作品も半分くらいあるんですよね。基本的に書法は変わってないと思うんですけども、通常の線的な表記というのを拒否されて、書き言葉の成立の母体から崩していかれようとする。それはある意味で、そのわれわれの言語にしても文化にしても、社会制度全体、いわゆるノモスですよね。ノモスというものに対して、自然＝ピュシスが反逆してくるって申しましょうか。だから社会制度、ノモス、制度、文化が崩壊していく。それを吉増さんは言語でやっているのじゃないかという、そういう作品だと思うんですね。いみじくも3・11が起こってしまって、それを挟んだ形で3・11以降に書かれた作品もあるんですけども、『裸のメモ』がまさしくノモスを裸にしちゃったんじゃないか。そんなふうに読んだんです。

吉増　これは売れない本でね、だれも読んでくれない。(笑) さらにぼく自身も読みたいんだけれども、いま林先生のおっしゃったように、手のほうが、母体を崩していって、万葉仮名も突破していって、万葉仮名の横へ出ちゃうような、そういう表現を否応なしに、言語の身体が動いちゃうんですね。だから、そういう状態がさらに突き進んできて、必ずしも辞書を引っ張るとか、そういうことではなくって、タイムリーじゃないところにあるアンタイムリーなタイムリー性みたいなものがねえ、出てくるの。

その筆記の運動というのは、……手だって体だからねえ。文字だってもしかしたら手を出しているのかもしれない。動いているのかもしれない。だから運動とも言えるんだ。そうしたものが、相当に激しくなってます。しかももちろん、パウル・クレーやゴッホやセザンヌも追いかけるから、線も引っ張るし色も使い出すし、映像表現もやっていく。一昔前だったら、境界線を越えるとか、そういうことを言ってたけども、そうじゃなくって、先端部分では、笠井さんの『カラダという書物』ではっきりとぼくもわかったけれども、やむにやまれずに、内部が宇宙に向かって開いていくのね。

林　内部が宇宙に開いていく。

吉増　笠井さんの引用したリルケを少し使ってますけどね。いま林先生が聞いてくださった、『朝日新聞』のインタビューを受けたときにも、懸命になった。わたくしが捕まえられる詩の一番奥みたいなところを捕まえなくちゃいけないから。

ヴァレリーは、詩っていうのは、意味と音の間の揺れ、そういうことを言う。それからイェイツが夢の中で見たことに、責任を持ってそこに耳を近づけていくとかね。そういう発言をしました。そういう発言をして一所懸命にやると、そこで動いている虫みたいな、手みたいなものが、今度はさらに動き出してきてくる。そういうことが起きましたね。だから、ジャーナリスムとか雑誌とかに向かって、いわゆる読者を求めていく運動とは違うんだ。

笠井　うん。

林　このあと*gozoCiné*をご覧いただきますけども、*gozoCiné*を始めて五年か六年くらいですかね。そのころか『ごろごろ』っていう前の前の詩集、あのあたりから、こういった、内部を宇宙に晒すような表記法がすでに現れていたと思うんです。ご自身の中でそういう詩を書くということと、二重露光写真、写真や*gozoCiné*を撮られるということと、どっかでかぶさっているのでしょうか。

吉増　ぼくは結構古くさいところがあって、あの文楽の太夫が読んでいる本だとかさ、「点、点、点」なんて打ってあるとか、そういうものとか、古文書の「見せ消《ミ》ち《ケ》」っていう、消して見せているという、ああいうことのほうにいく。あるいは折口信夫さんや北村透谷、近代日本語が始まるときには、「白ごま点」なんて一杯あったわけよ。そういうところへ、何か、明治以前の記号以前、言語以前の記号みたいなところへいく性質はあるね。だから、その線では映像にいく、写真にいく、あるいは紙の楽器をつくっていくような、必ずしも外れていくっていうんじゃない。なんか不思議な蛇がさ、やっぱり行きたいところへ行っているような、そういう感じかもしれませんね。

林　それで吉増さんの場合、映像も二重、多重露光なんですね。これから見ていただきますけども、動画も「キセキ」という、二重、三重になっていくファンクションを使われてますよね。笠井さんは*gozoCiné*は初めてなんですよね。

笠井　ええ。

吉増　見ないほうが。（笑）

林　じゃあ、どうでしょうか。『北上川の声が聞こえる』という作品をご覧いただきましょうか。

吉増　注釈を加えますけども、ここに打ち合わせにうかがったときに。

林　去年の夏でしたね。

吉増　そのときに、いま申し上げたように大船渡のそんなつもりで撮ったんではない方の映像にびっくりしている。ということは、いわゆるプロフェッショナルな映像じゃない。裏側へ回ってきて、それがわかってきたと思う。そしてＯＨＰフィルムで、昔の舟に乗っている人を投影して映像を撮影した。いま川って寂しいじゃないですか。だから舟浮かべて、まあ、子どもみたいなもんだよね。貼り絵みたいにして撮ったんです。

林　昔は北上川はもっと水位が高かったんですよね。

吉増　完成した映像では切っちゃったんだけど、北上川の傍に行ったら、キャサリン台風が来たときに、ここまで水に浸かったとかの表示板があったのね。

林　そうですか。

吉増　それは使えなかったけれども、だから、奇妙な目がいっぱいこの世界、宇宙を覗いているね。そういうものを捕まえていこうとしているようです。

林　それでは *gozoCiné* を十六分ほど、どうぞ。

〈上映〉

林　いかがですか、いまご覧になって。映像の中で、最後、陸前高田の「がれきとは呼べないなあ」とか、「このものたちがこんなふうになるなんて思っていなかったんだろう」というコメントが印象に残りました。最後のところは金属のアップで、音をつくられた。

吉増　うん、最近は進歩したカメラが安く手に入りますから。ズームアップするとマイクロフォンの感度が上がるのは、撮るわたくしたちの肉体の一部になってきているわけです。意識しなくても、聴こえて生きている目になっていく、聴こえてきている音のほうに、意識が集中してきているのね。そこで、視覚じゃなくて、聴覚の視線がすうって向かっていった。そういうことはわたくしたちの感受性の中にも入ってきている。それがたまたま、ああいう形で出てきたんです。もちろん何の計画もしてませんけどね。

林　*gozoCiné* っていうのは、現場で吉増さんがずっとカメラを回しながら、即興で話し、コメントを入れてバックの音楽も現場でＣＤで流すんですね。

吉増　そうですよ（笑）。グレン・グールドのモーツァルトなんかを持っていたから。

林　だから、本当に千手観音のように現場でいろんなことをやりながら、場合によっては、打楽器とかも使う。

吉増　そうそうそう。だから、これから読む笠井さんの『カラダという書物』に対するオマージュとつながってくるけれども、デリダなんかがよく言うじゃない。たとえば「口《クチ》」は、食べるだけじゃなくて、食べるものでもあるし、口笛を吹くもんでもあるし、ぶら下げるもんでもあるとか、いろんな器官にいろんな役目があるわけじゃない。目っていうのはね、涙を入れる容器でもあるし、そういうことがもう身体の中にいっぱいあるわけじゃない。もしかしたら何か作品をつくろうっていうよりも、その交感作用を全開にしていくような状態ね。だから、即興という言葉は当たらない。「即興」っていう言葉は汚れちゃっているからね。

林　本当に現場の物との交感っていうこと。ガン、ゴン、というのが弔いの鐘のようですね。

吉増　そうだね。恐るべきもんだね。だからあれは音って言うんじゃなくて、声って言ってますけどね。

林　それではここで、吉増さんが六日間かけて書かれた詩、ほやほやのカラーコピーを配っていただけるのでしょうか。

吉増　こういうふうにして、この機会だけに、お配りするというのが限定出版なんだよね。そして、お願いして、この瞬間に音を立てていただくという、それがやっぱり大事でね。先にお渡ししていたら、劇場でもらうチラシになっちゃうじゃない。ほんのちょっとした工夫を常に続けていかなくちゃならないのね。先ほど申し上げましたように、十二日にパリのシャルル・ド・ゴール空港から、『カラダという書物』を百頁くらい読んだところから書きたくなって、書き出して、体に変調を来して、飛行機の上では、嘔吐感まで出てきた。それはおそらく、この書物の持っている力だと思う。

〈朗読〉

今日、おいでくださったみなさんへのお土産詩です。貧しいものでしょうが、笠井さんへの敬意を込めて、一心でした。最終行の「ションション」は佐々木喜善《きぜん》さんの『聴耳草紙《きくみみそうし》』から取りました。

「さあ、これから、もっと、これから―笠井叡氏に、」

［普通はね、こんなタイトルみたいな一行が先に出てくるっていうことは、ないんだけねえ。ふっと書いちゃった。直せない］（注　以下、［］内は原稿にない語り）

「さあ、これから、もっと、これから——笠井叡氏に、」

二月十四日（14 FEB 2013）、……朝、笠井叡氏の思考と言葉の葉脈や和毛《にこげ》のようなところから書きはじめていこうとする、こころの下の方から何故か、別の手が、……右の津、吹、矢、樹、つぶやき、……〝さあ、これから、もっと、これから〟と、タイトル（名札）を削るようにしていたことに、傍（そば）でみていて〝こころ、……〟が驚く。［だから一杯心があるっていうのを、こうやって記述によって、こうやって書いていくわけです］

次の日（15 FEB 2013）、……林浩平先生に「金時鐘（きむしじょん）さん全資料」とハコに送りだした。次の朝、……右のどうも〝削る〟って書いてあるのが、そぐわないな、……という、かすかな吐息、溜息の下のイキを、木久（きく、…）［聞くなんていうのを木材の木と久しいと書いている。これのほうがいいじゃない］ようにしていたとき、〝笠井さんK、…〟〝金時鐘さん乃K、…〟〝削る乃K、…〟と聲が巣留、……。

［で、次に詩の行が立ってきて］

「K乃小聲、：、に北上川乃聲であったのかも知れなかった、……」

で、二月十二日（12 FEB 2013）、……小雨の巴里、まだ五時半ころ *Montparnasse* を、バスで *Charles de Gaulle* 空港乃ベンチに、……木のベンチではなかったのに、何故か、木の香がしていた。…何処まで、この書物『カラダという書物』（二〇一一年六月、書肆山田刊）緒、手が操（く）るようにしたときに、十六日の北上に向けて詩篇緒綴ろうとしたのか、……。あるいは、これは、北上の今日のみなさんね、……二、三十分前に、細い樹のようにして立った〝*K*乃小聲、……〟乃、一行であったかも知れませんですね。いま、語尾の〝ね〟に点を添えていて、怖ろしい気がする。この稀有な書物乃、たとえば、三十八頁乃、〝一人の人間の内面と自然界の内面としての「宇宙」は、直接一つに繋がっています。〟に、こころの小枝ははじめてのかぜにふるえて、［とっさに naimen って書いちゃった。横文字で。それでトントントンと大きな鳥が土を啄むようにして、トントントンってやったら、天衣無縫乃 naimen って出てきた］

「*naimen*、、、天衣無縫乃 *naimen*、、、」

［まさか、これ内面っていうのをこんな横文字で綴ると思ってなかった］

等、津、吹、矢、居、手、……、イタのはカクジツであった。〝無縫、…〟（も）…笠井さんが一瞬にして、〝天啓のように、……〟学ばれたらしいドイツ語が、（あとがき二八八頁）仄かな麦の穂が匂うようにか、*naimen* と綴ったときの、瞬息を聞くようにして、……乃、パウル・ツェランの、……聲乃、記憶［namen とか言うんだよ、あいつ］、……笠井さんほどに、不、伽、居、…ではないのだけれども、すべてが溺れてしまいますような、…ドイツ語が［これ、どうして自分がすべてが溺れてしまいますようなって書いたかわかんない］、…この書物の「あとがき」（二九二頁）にも、パウル・ツェランの詩の〝魂の明るさの／

花柱／荒廃した天の／花糸と共に、／花冠は／私たちが歌う／（引用の傍に、小枝がさし延べられるようにして、……）〝OH、……乃聲がした、花柱は［これねえ、生野幸吉さんがこれについて述べてた］確かグリッフェンという発音であったのではなかったか、〝笠井さんのドイツ語〟を生きて、こんな非、々、樹に出逢うことになろうとは、……。［次にこんな行が立ってきて］

「OH、溺れよう、OH、溺れよう、、、」

［読んでみて、このOHっていうのは溺れようと完全に重なってますねえ］

根っ子、木株のようなCharles de Gaulle、……笠井さんの『書物』（五十四頁）、……リルケ乃、……〝どこにこの内部にふさわしい外部があるのか〟（12 FEB 2013）…不、刺、ワ、椎が、［ふさわしいってあったのかなあ、間違えているのかなあ］…何が、獨りぽっちの樫の木の扉が舞っているように思はれて、…（この喩はパウル・ツェランのものだけではない）……この総（ふさ）に、五日間、私は、溺れていたのかも知れなかった、……。笠井叡氏の書物と連れ立った北上へ、……。おそらく、……不図、別の手が綴った〝北上〟も［北上ってふっと書いちゃった］も、不、伽、之［深いって、深し］、……。しかし、この総（ふさ）には天の羽衣（一三五頁）も、その横にそっと（吊り）下げられているのかも知れなかった、……。

［ああ、これ、よく入れている行だな］

「総（ふさ）に、わたくしは、五日間、溺れていたのかも知れなかった、……」

名乗る、……口上緒、……ページから、［この頁から］……。誰に頼まれたのでもない、……文字たち乃波の濁り緒、…績《ウ》ム、紡《つむ》ぐが当たっている、二〇一二年の二月、［…もう、一年余、北上乃みなさまへ乃、…一葉の詩篇、…三〇三葉、第六部で綽名緒、罫（K）君としようとしていて、［この罫というのはこう線を引っ張るんですよ。で、これ吉本隆明さんの『日時計篇』をわたくしはいまは今日で一六〇篇目くらいですけど、書き写してて、その原稿を知っているんですけども、鉛筆で自分で罫を引くんですよ。で、心を静めるばっかりじゃなくて、この罫に、罫にとても大事な秘密があるなと思って。おそらくあの大本教の出口なおが糸を引っ張っていったのと同じような、あるいは八卦の卦、卦を合わせるような、そういう感覚があるんですね。それをぱっと思い浮かべて、こういうことを書いています］夢と現《うつつ》の総《ふさ》から聲がした、……。無印の修正テープの丸い子が、……〝ぼくが罫（K）君、……〟とはしゃいでる。吉本隆明氏乃、……詩の命（いのち）、……〟乃ような『日時計篇』一五八篇、……〈天刑〉、［天の刑、天の刑罰っていうんですけどね。これ、どの辞書見てもこれがないんで。おそらく聖書から来ているんだと思うんですけど、これ、謎のような言葉です］……吉本さんが日々刻むようにしている（K）罫（けい）乃小聲であったのかも知れなかった。

「K君乃小聲、、、Kasai乃、、、罫《ケイ》と、私は津《ツ》、吹《ブ》、矢《ヤ》、久《ク》、……」

「クァサイ　アクイラ」（一六五頁）

五十七頁、…笠井さんは〝能楽師は三歩の歩行運動に一生をかけるのです等、……。でも笠井さん、私はその〝三歩〟を、一九六八年、厚生年金小ホールでみていた、……瀧口さん、三島さんと一緒に。さあ、Ｋａｓａｉさん、……

「総（ふさ）ションション、総（ふさ）ションション、、、」

という詩です。

（拍手）

吉増　相当、体が痛めつけられました。この『カラダという書物』に入っていったせいもあるけども、嘔吐感も出るし、下痢も生じるし、なんか、内臓が、笠井さんの言うように、それぞれ独立じゃなくて、一緒になって暴れ出していた。

林　この詩で最後のほうに書かれている一九六八年の厚生年金会館小ホール、これで笠井さんの公演『稚児之草子』を吉増さんは、初めてご覧になったんですね。そのときの客席に三島由紀夫と瀧口修造がおられたということですが、笠井さん、いかがですか。

笠井　なんか夢と現実と、それから亡くなった人の死者の気持ちと、それから目の前に横たわる自然が、こう何の隔たりもないという軽やかさ。それで、吉増剛造という人は、年をとると若返るという不思議な人なんだと。私は歴史もそうだと思っているんです。歴史という時空もたてばたつほど若返ると思っています。

吉増　笠井さんに言ってないことを二つだけ言うと、一つはその舞台のことですけどもね。上から虎の絵がぶら下がってたんだね。それでワグナーかなんかけてね。そのときこの人、まだ二十いくつかですかね。

林　いまから四十何年前ですね。

吉増　そりゃあもうすごく。とにかく天衣無縫っていうか、そういう舞踏でしたよ。そんな長くない。確か三十分ぐらいだったなあ。それで切り上げちゃった。それで最後、普通にパパパって、歩くんですよ。これが素晴らしかった。

それで二つ目。厚生年金小ホールに行くためには新宿から裏通りみたいな変なところを通って行かなきゃいけないのよ。「はっ」と気がついたら、ぼくの前をね、土方巽が歩いているの。着流し着て。それがねえ、やっぱり笠井叡の舞踏、見に行きたくなかったんだなあ、きっと。それがねえ、真似てみたいけど、トタンの扉にへばりつくようにして歩いている。

林　着流しを着てですか。

吉増　うん。着流し、……。われわれはこう、普通に道だから歩くけど、わたくしが強調をしているのかもしれないけど。いやあ、でも、あそこが土方巽の舞台だったのかなあ。そんなことがありました。

林　笠井さんは、土方さんとはその前から共演されていたんですね。

笠井　共演というより、出演させていただいたんです。

林　それではこのあとお二人の共演の舞台が始まります。お話はここまでとしましょう。どうもありがとうございました。

（二〇一三年二月十六日、於 岩手県北上市・日本現代詩歌文学館）

踊る笠井叡

笠井叡『稚児之草子』1968 年。撮影：高島史於

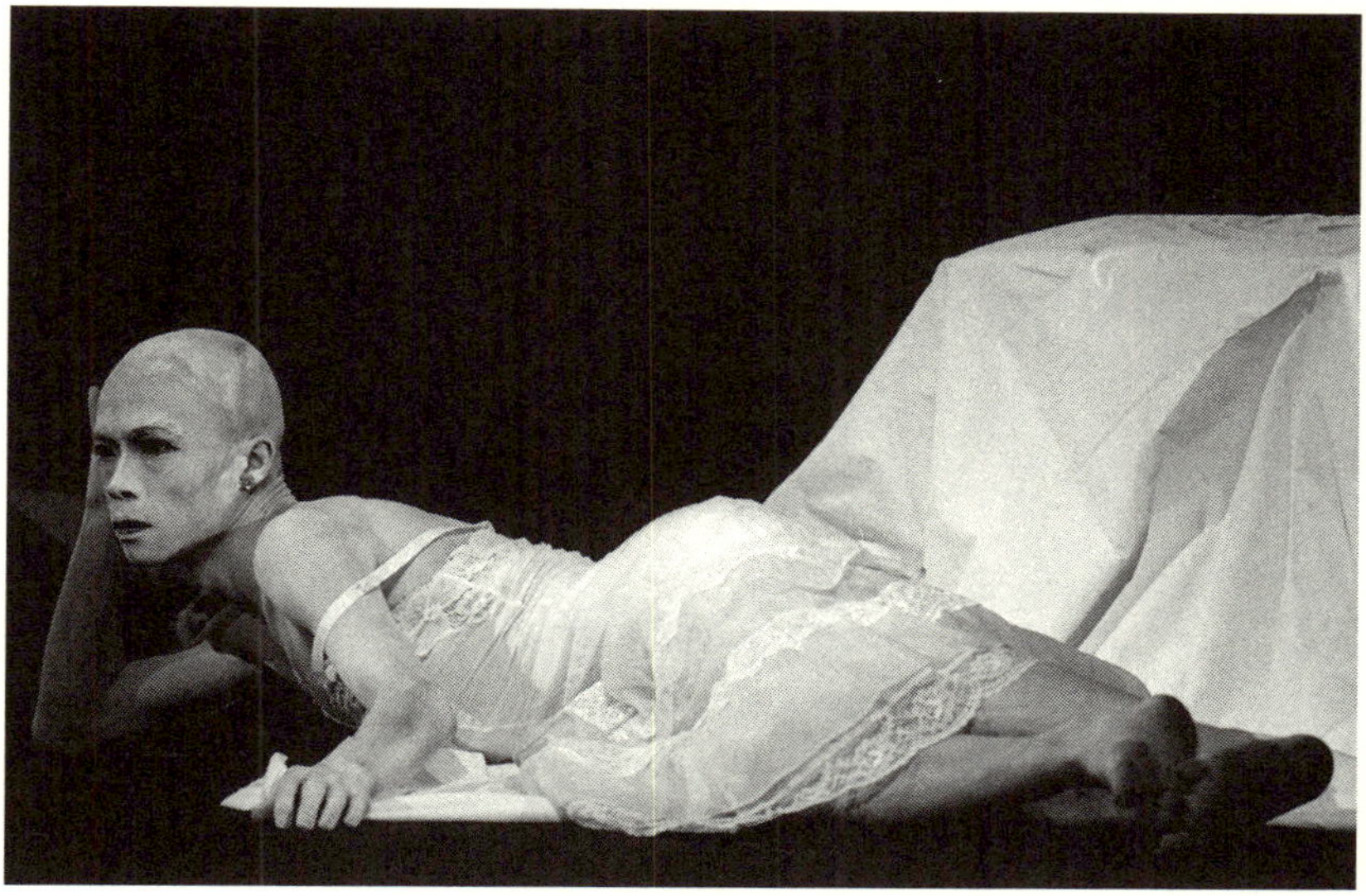

笠井叡『稚児之草子』1968 年。撮影：高島史於

笠井叡『稚児之草子』1968年。撮影：高島史於

笠井叡『我が黙示録』1995年。撮影：神山貞次郎

笠井叡『我が黙示録』1995年。撮影：神山貞次郎

笠井叡『我が黙示録』1995 年。撮影：神山貞次郎

第三章　舞踏家たち

中嶋夏に

◇中嶋 夏

一九六八年の極め付きは、中嶋夏の『麗子』であった。近くて、土間の嗅（にお）いがしていた、記憶の森の芯の口付き。中嶋夏の口の縁《へり》から絲が、古《こ》、母《ぼ》、零《れ》、手《て》、……その戦慄のクモの絲は、消えることがない。夏ちゃんの歯もまた、古《こ》、母《ぼ》、零《れ》、手《て》、……夏山の峯の巨峯のクモみたいだったぜ。〝だったぜ〟という声を、フト聞いて、いま首肯《わかり》、……いま、やっと、俺のなかの童子《わらし》が、項垂《うなだ》れてるぜ、……。夏の極め付きの夏に項垂《うなだ》れて、……此奴《こいつ》、襤褸《ぼろ》〳〵童子の心中に、恋が兆《きざ》していたことを、いまにして、わたくしは知った。あのとき、ピットインでも神楽坂でも、恋が古《こ》、母《ぼ》、零《れ》、手《て》、……いたのだ。夏は、夏は、稀代のダンサーである。「舞踏」なんぞ、ちゃんちゃらちゃんだ。ちゃんちゃらちゃーんだ。恋が古《こ》、母《ぼ》、零《れ》、多《た》、……ダンスだった。その足音を、不思議な事に、わたくしたちは、それを、ハッキリと記憶している。「ひねもす神楽坂」の、古い簞笥よ！　そうよ。（少女）夏は、恋の巣だ！　ダッタよ、ダンス。ダッタよ、ダンス。

人形劇精霊棚《にんぎょうげきしょうりょうだな》

一九七二年（昭和四十七年）

1972.10.25「人形劇精霊棚」の詩作開始。書店で「日本の天文学」「梁塵秘抄」、古書店（白樺書院）で「宮古島の神歌」など買っている。主旋律は超惑星的な朝と決められた。盗みとる古調、万葉、古代歌謡、梁塵秘抄は呼び水にすぎず、こちらの戦慄を創始できるかどうかにかかる。やがて、数日後、白――赤、白濁の川を渡り、一気に二百行進行、ようやく古調のリズムの呪縛からのがれられるか。なぜか、いよいよ本当の長口舌がはじまり、素晴らしい予感がある。しかし今度は別の怪物に追われているようだ。「人形劇精霊棚」の台本（資料）としてイメージを作るため詩を見せる必要があり、至急清書して三百八十行をコピーする。全く完了せず、気分暗澹たり、夢のなかで頭脳は詩作していて、やがて例によって詩作に熱中すると必ず起こりつづける発熱がやってきて、悪夢の夜々はつづき、恐ろしい速足で、すでに「人形劇精霊棚」上演前夜となる。リズムの魔に吹かれて恋の山に至る。翠川敬基、藤川義明のベース、クラリネットと一度朗読を試みると、「梁塵秘抄」の言葉を使った〝揺《ゆ》りかう揺《ゆ》うられ〟のあたりに不思議なリズム、声の魔の湧きだしをみる。お経だ、チャントだ。しかし真の魔力は私自身には一回かぎりで、本番はその記憶を追って、なぞってゆくことになる。こと新鮮ということに関しては、ここにリズムの魔力、一回性の秘密があるようだ。謎の一瞬の魔が天空を飛翔している。桑原茂夫から人麻呂の長歌を詠めとの暗示があり、ここから再度リズムの魔に吹かれて、何物か、いずれへか、不明の登高はじまっていった。

（1973.2.2「ユリイカ」七二年三月号）

10.25　桑原茂夫、宮園洋、林静一、矢野英征、中嶋夏さん、音楽／藤川義明、翠川敬基氏と、「人形劇精霊棚」。

（日記より『木浦通信』矢立出版）

中嶋夏『麗子像』1969年

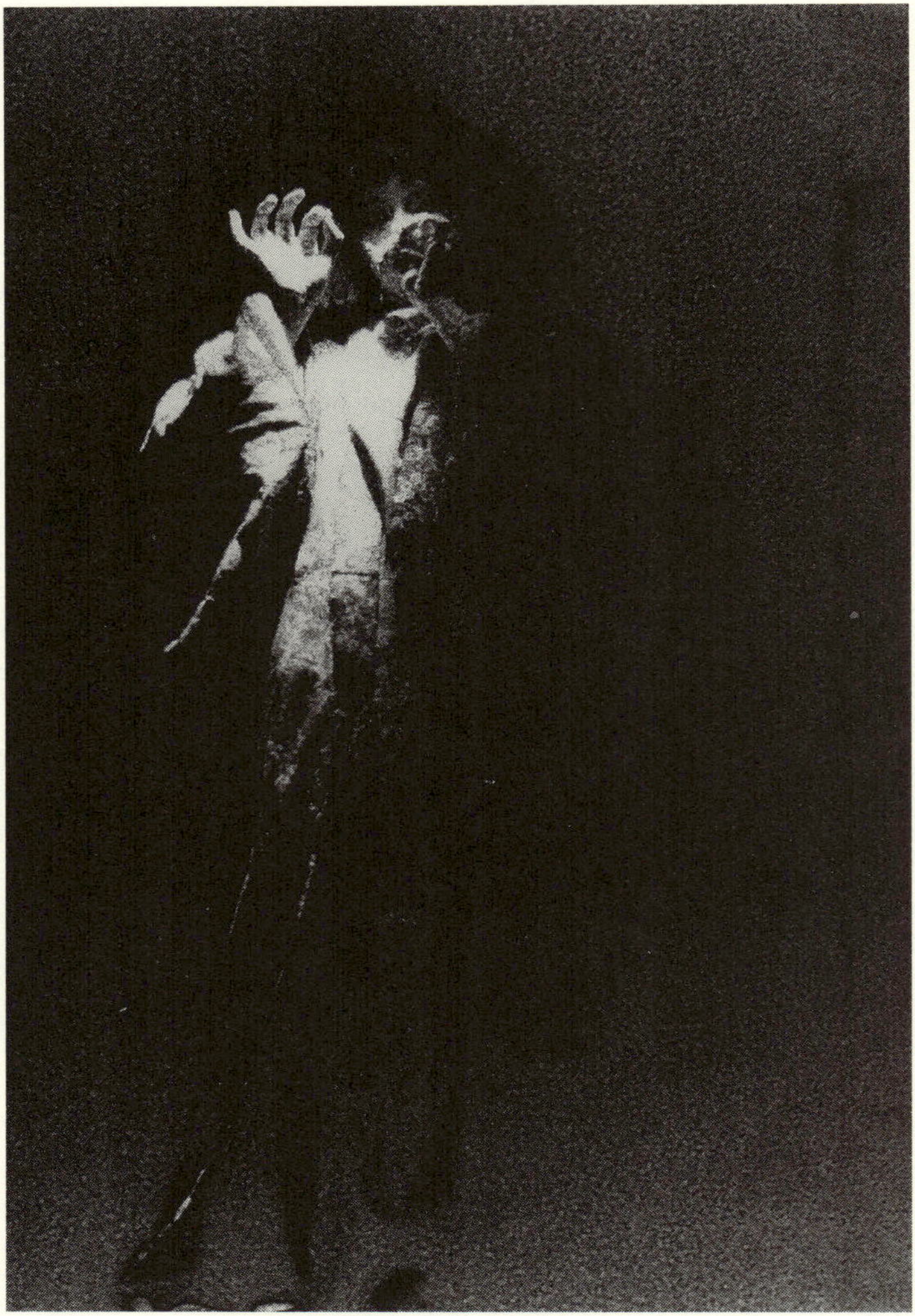

中嶋夏『麗子像』1969年

中嶋夏『人形劇精霊棚』1972 年

中嶋夏ら『人形劇精霊棚』1972年。左から藤川義明、翠川敬基、吉増剛造

◇室伏 鴻

ムッシュー古釘

ムッシュー古釘、ほら重心を上のほうにあげたまえ。……

ここはどうやらひじょうに深い「浮世」であるらしいと古釘がつぶやいている。

地面のひじょうに奥深いところに人体がある。

ここはひじょうに深い「浮世」であると古釘がつぶやている。

わたしの身体には縫針が数本入って、小舟にのって丘の川をくだっている。何年かすれば心臓の壁に接岸するだろう。森で踊り、川辺で踊った。やがて手も足もない縫い針の、イトを宇宙になびかせて、わたしは消えてゆく。だから、生きている現在《いま》は、しゃがんだりすると激痛を覚えるのです。

わたしは未来の一寸法師。

わたしは未来の一寸法師。

舞え舞え蝸牛《かたつむり》。

世界じゅうの古釘が眼をさます。なぜなら彼らには眼があるから。畳の目、織りの目、そして縫い針の目。彼らは古釘の親族である。

「極」という巨大な傾きたるもの。男根は古釘に似ている。ポール・ゴーギャン、宇宙は古釘の形をしているのではあるまいか。飛びかたの類似から、わたしは想像してみるのだ。舞え舞え蝸牛《かたつむり》。舞え舞え蝸牛《かたつむり》。

獣は全身これ古釘だ

宇宙の呼吸から古釘が噴出する！

赤児《あかご》は古釘を咽吐する！

舞え蝸牛《かたつむり》
舞《ま》い舞《ま》う舞《ま》い舞《ま》う舞《ま》い舞《ま》う舞《ま》い。

舞《ぶ》り舞《ぶ》り舞《ぶ》り舞《ぶ》る舞《ぶ》る舞《ぶ》れ舞《ぶ》る。

舞、舞、舞、舞、舞、舞、舞舞舞舞舞舞舞！

わかった！垂直そのものが食べたいのだ！

わたしはむかし海底に棲んでいて、水裏《みずうら》にうつる星をながめていた。ウニかカニか蛸《たこ》かオケラ。海底に棲んでいたときには血潮のことなど気にもしなかった。あの塩味のする血のことを。いまは古びた古釘となり、腿の美しい女たちのいる「曲馬団」に加って旅をしているのです。

人体がある。男性でも女性でもよい。あるいは生者と死者。皮膚という薄い物質を、樹木が樹皮をまとうように、いやそれよりももっと神秘的な薄いものをまとった人体がそこにある。わたしは薄い錆びをきた、古釘だ。

室伏鴻『陽物神譚』1973 年

室伏鴻『金魂鳥亞レシアン島八咫』1973 年

注：「ムッシュー古釘」が室伏鴻の編集した『激しい季節』第二号に掲載された当時、室伏が出演していた大駱駝艦の舞台。写真は「室伏鴻アーカイヴ」サイトによる。

室伏鴻『皇《すめら》大睾丸』1974年

◇大須賀勇

京都のふかさがわかりはじめていた

いつもより少し目に力を籠めて、北からコユキの降りこむ高瀬川を、ここが京都のもっとも低い（ふるい）水らしい神泉苑の池の色を見詰めつづけていたためでしょう、宿のロイヤルホテルで京をたつ日の朝、こんな詩（というよりも言葉の姿）が、ふと、浮かんで来ていた。題は「朝、（京都で、）」と付けていた。

（蹲《しゃが》む。

しゃがむ、
と
毛物の
頬に、
ふれて
ゆっくりと、
やわらかに
碧河、

が、

（立って来ていました。

三条、高瀬川の橋下、The Time'sの一個所、川を眺めて佇むときが余程印象ぶかく残ったらしい。というより身に沁みいるように。指を濡らして立てて風向きをみたり、蹲みこんでみたり。河にそって北から風は吹いて来る。貌を水面に近づけると、急いで（慌てて？）下りて来ている、水の言葉だ。つめたいけれども細かな騒ぎが、わたくしの貌にも移るようにつたわって来ていた。こんな経験をして、そして、きっと、夢のなかに言葉の姿があらわれ、というよりも、わたくしの身体や心も、こうした景色（や光像）の出現のなかに入って行ったのだ、と、少し、といえるのでしょう。

白虎社という舞踊グループのわたくしはファンで、どうしてなのかなと、考えていると舞踊からの連想で、優しく柔かい関節が浮かんで来た。骨と骨、身と身のなんでしょう、とおい明るい連環をこのグループに感じていて、ときおり近づきたいと思うらしい。そう、五年位前になるだろうか、白虎社の合宿で話をするようにと呼んでいただいて、往路車窓の琵琶湖側から影絵のようにそびえる叡山をみて驚いていた、そうか白虎社にさそわれて四、五年前から、わたくしの心にもこの影絵のような山のむこうの京のふかさが、……。

出町柳（この駅名が良いな）を出て、京福電車は、少しきしみ、岩倉あたりから谷にそって傾いて、鞍馬の方角へ登って行くような気がしていた。電車が北の山に入って行くことが、こんなにおもしろいこととは。一乗寺、修学院、岩倉、二軒茶屋、……とわたくしはレコーダーをまわしつづけていた。編集もせず止めもしないで。京から戻って中央線に乗ると、まだ身体が京福電鉄の揺れやきしみを歴然と残していて、……、途方にくれていた。子供の頃からあんなにすきで、駅名を暗誦して、歌うようにしていたのに。けれどもまだ判らない。いつかまた、変化のない直線、特急（?）が、またすきになるのか。そこに心が戻って行くのか。心をしずかにして、わたくしはモーター音に耳を澄ましていたのかも知れなかった。そうなのだったら、京福も中央線も、……こんなことをぼんやりと考えて、貴船で下りると、木舟? 貴船? その名におどろく。しずかなときが来た。山ミチを上って行く身体が、まだ京福のふれ（振れ）を残しているようで、そしてその振れからの解放か、水から上った動物がぶるっと身体の芯のところをうごかす（?）ように、わたくしは身をかるくしてクラマノヤマに入って行った。歩きながら書いていたノートをみると、〝われもまた木の空洞《ほこら》なり、木をうえ、芽をはやし〟と。

挟《はさ》まれる、人や空気やそうでないものにも、挟まれて、そしてゆっくりと歩いてみたり、おりてみたり、佇み蹲むということを、四、五日、京都でわたくしはしたらしい。

太秦面影町の撮影所の裏小路を通って、こうして歩いて行くのも良《い》いな、なんだろう、新旧団地のいりまじったような界隈だ。そして気がつくと、フライショップさんのまえ、円形石舞台に着いている。この円形は完全に残っている。その円の下にそっと入って行って、しばらくわたくしは遊んでいた。おもしろいものだ。戻って、伊藤さんの写真をみせてもらうと、小型カメラを手にして、空をうつしているわたくしの姿は、両手になにかを挟んで、蹲んでもいない、佇んでもいない。挟んで、さしあげて、みたことのない姿で、傾いて立っている、……。

白虎社「アダムの誕生」1986 年

白虎社「カインとアベルの闘争」1986年

白虎社「処女懐胎を祈祷するイブ」1986 年

白虎社「アダムとイブと聖家族」1986 年

写真劇場『未来のアダムとイブ』聖書物語。作・演出・振付：大須賀勇、出演：大須賀勇（アダム）、蛭田早苗（イブ）、白虎社（聖家族）。撮影：阿部淳

白虎社は 1986 年、第七回台湾国際芸術祭に招待されて公演し、建国の父・孫文記念の国父記念館に 4000 人の観衆を集めた。その際に台湾の野柳《やりゅう》海岸でこの撮影を行った。

拈花瞬目《ねんげしゅんもく》

◇雪 雄子

大駱駝艦初期メンバーで、七〇年代から北方舞踏派として活躍し、その後、ソロで舞踏家として活動する雪雄子。彼女は近年、長野県の木崎湖畔で行われている「原始感覚美術祭」に参加している。二〇一〇年八月十四日、そのなかで、雪雄子舞踏公演＋吉増剛造映像講座「拈花瞬目《ねんげしゅんもく》」が行われた。

吉増は雪の舞踏公演を撮影し、*gozoCiné* の一つとして公開している。二〇一一年、この吉増剛造『*gozoCiné*』の連続上映会が東京中野・ポレポレ坐で行われ、吉増がトークを行った。そこで雪雄子の舞踏を撮影した作品を上映する際に、吉増は雪の舞踏について、次のように語っている。

（上映前）

これあの、去年、長野で雪さんが踊っているのを、客席にいて、客席のお客さんの肩越しに、正面にいたらだめだから、隠れて撮ったのです。

パウル・クレーの『サワギク』（一九二二年）という作品を、ＯＨＰにして持ってきて（重ねて撮影した）。パウル・クレーは、この四角いのを口のつもりで描いているんですよ。面白いねえ。口ってこんなもんかあ。

（上映後）

長時間ありがとうございました。初めて見た気がしますけど。文字通り、これが雪雄子という、おそらくあの土方巽さん、大野一雄さんの女性の芯みたいなものを一番奥底で継いでいる、雪雄子という舞踏手の『拈花瞬目《ねんげしゅんもく》』の文字通り始めから終わりまで、まったく無編集ノーカット、完全版です。

僕はやっぱり初めて見たような気がしましたが、この中に、胎内から、どなたの胎内かわかりませんけど、胎内から暗黒舞踏といわれる稀有な舞踏手たちの仕事を見ている目が、土方さんの「衰弱体の収集」や、大野一雄さんのおかあさん、おかあさんの思い出を引っ張っているような、そういうものの集積が全部出て来ているような気がします。

それと、（いつも持って歩いている）タカラガイは、胎内で飼っている目の印だというのに、今日初めて気がつきました。

（　）内は編集部注

雪雄子・吉増剛造『拈花瞬目《ねんげしゅんもく》』2010年。吉増剛造「*gozoCiné*」より

雪雄子・吉増剛造『拈花瞬目《ねんげしゅんもく》』2010年。吉増剛造「*gozoCiné*」より

雪雄子・吉増剛造『拈花瞬目《ねんげしゅんもく》』2010 年。吉増剛造「*gozoCiné*」より

雪雄子・吉増剛造『拈花瞬目《ねんげしゅんもく》』2010年。吉増剛造「*gozoCiné*」より

土方巽、大野慶人の師

◇及川廣信

及川廣信は一九五〇年代に渡仏し、バレエとマイムを学んで帰国して、土方巽、大野慶人を教えた舞踏に多大な影響を与えた舞踊家である。アルトーから導いた独自の身体哲学を教えてきた。

二〇一〇年九月に八戸で活動する豊島《とよしま》重之の主催するＩＣＡＮＯＦの第十企画展『飢餓の國・飢餓村・字《あざ》飢餓の木展』に及川廣信と吉増剛造らが招かれ、吉増は写真や映像、オブジェを展示してトークを行い、九月十八日には及川廣信が『村への遊撃——黒田喜夫《きお》に』と題して踊った。この舞台を吉増は撮影して、*gozoCiné* の一つとして、映像作品『飢餓ノ木 及川廣信 八戸 二〇一〇年九月十八日』を製作した。

『飢餓ノ木 及川廣信 八戸 2010 年 9 月 18 日』。吉増剛造「*gozoCiné*」より

『飢餓ノ木 及川廣信 八戸 2010年9月18日』。吉増剛造「*gozoCiné*」より

『飢餓ノ木 及川廣信 八戸 2010 年 9 月 18 日』。吉増剛造「*gozoCiné*」より

『飢餓ノ木 及川廣信 八戸 2010年9月18日』。吉増剛造「*gozoCiné*」より

◇大野慶人

イシカリノカ——慶人とgozo

この、八月二十五日に、僕、最愛の友を亡くしましてね、ここ、木崎湖の向こう側に住んでたのかな、三年ぐらい前のここの時に、井上輝夫っていうボードレール学者ですけどね。それが慶應の教授やめて、中部大学の教授もやめて、白馬に引きこもってたんですよ、それが木崎湖にきて、おう、剛造、おめえ何やってるんだって、ここに来てくれて、そこに坐ってたんですよ。それが八月二十五日に亡くなったっていう知らせが来て。さすがに、なんだろうな。やっぱり、みなさん、思い出がそうやって重なってくるから、自分の命のすぐ傍にある記憶、そいつの記憶が立ってくるから、今も、この辺に坐ってたの覚えているから、なんか俤《おもかげ》が立ってきちゃって。皆さんの目の前に広げてるの、広げてみて初めてわかったけど、今展覧会やってる若林奮《いさむ》の銅板をずっと持って歩いて、三十年以上叩いてたんだけど、詩を書いて発表しないで、四年間くらい発表しないで、六百三十何枚書いたやつを、明日みすず書房に行って校正して第一部出すんですけども、それの第二部がこうやって今並んでいるんですね、気が付いたら、繋げて、こういうこう、なんていうのかな、巻物じゃなくて、反物みたいな感じになっちゃってね。で、ここで今初めて広げてみて、これは若林から送ってくるコンマ一ミリの銅板。彼が繕《つくろ》ってくれてたんですけどね。それの化身というか、変化だなってのがわかったたな。だからこれ、紙を二枚ぐらい貼って後ろから、裏から色なんか塗ってますけども、若林はコンマ1ミリの銅板をなまして、それからが、あいつ凄いんだよな、細い針金で、それで繕って繋げて送ってくれてたんですよ。その微妙なことに気づくのに二十年くらいかかりましたけどね。で、今度は、若林さんが送ってくれている銅板が三十年くらい、彼が死んでから十年ぐらい続けてますけど、それがこういう紙の、紙のお布団っていうか、座布団っていうか、性質の、あぁ、そうなんだなぁ、若林っていうのは、綿屋さんの息子でね、だから、ものすごい天才的な鉄の重い彫刻家のくせして、どっかに、綿とか、繊維とか、そういう柔らかい糸とかね、そういうものを持ってるの。だから、そのスピリットがこうやって続いているのが、さっき気がついたのですよ、

で、中身はね。震災以来、あなたがたは詩なんて書いてどうすんだって、朝日新聞から言われて、それで書き出して、六百三十枚ぐらいまで書いて、三年ぐらい前に吉本隆明さんが亡くなられて、とても深い恩があって、吉本さんが、二十三、四歳の時に、五百四十編の「日時計篇」ってのを書いているんですけど、誰にも読ませるつもりじゃないんだな。しかもね、凄いですよ。多分、右手で、鉛筆で、線引っ張りますよ。その下地を作ってから書いてくんですよ。その罫が良くってさぁ。全部真似て、罫を引っ張るのが、喜びになって、五百四十篇をもう二度くらい書き写したけど、書き写すっていいですよ。

今、信濃大町のベンチで、迷ってたけど、麻薬中毒みたいになって、書き取り、書き取りやってんですよ。そうすると頭も全然違うところに動くのね。まあコンピューターもいいけども、そういう、針と糸の仕事みたいなものをどっかで持ってないとだめだなぁ。書くってことは、そういうことと似てるんですけ

どね。ここにきて、それにも気がついて、だから、うーん、そうなんだな。やっぱり場所へ動いて来るようにしないといけないんだなぁ。それで、井上、こういう風に書いてるからさ。四年前に書いてることを整理してみたけども、その時々で、井上死んだから何とかって「偶成」が入ってきちゃうんだよな、で、ここへあいつに向けた詩を即座に、書きましたけどもね、二十六日の朝書いたんだ。あの、ボードレール研究で、えー、フランスずっと行って、フランス語ももちろんペラペラだけど、クラスメイトのシリアのアレッポ出身のレイラさんっていう人と一緒になっちゃったから、大変な人生になったんだなぁ。それで中東とかシリアの砂漠の空気を運んできてくれて、僕もレイラさんと知っていたけども、子ども生まれて、摩耶ちゃんって言うんだけど、摩耶ちゃん喪主か。

獅子の首の　野の花　荊
井上、岡田、吉田だけには
敬称を決してつけなかった僕の声だ
井上！　フランスの裸の樹の血の　花荊

これ吉本さんからも影響をうけて、これみなさんご覧になる木とか枝とか樹木っていうのは、人間に例えると、内臓が全部、血管みたいなものが露出しているような状態、あるいは、樹が、内臓として血を流して立っている状態。それは非常に見事な、三木成夫さんから学んだのだけど、その眼で、縄文の樹なんか見ると、縄文人たちそんな感じ知ってってさ、栗の木なんか立てってて、栗の木の静脈なんか見えるような気がして。そういうことからとってて、「フランスの裸の樹の血の　花刑」これは、コルマールのキリスト磔刑図みたいなことを思い浮かべてるのね。ああいう血だらけになって磔になっているキリスト像だって、普通の眼で見るんじゃなくて、全然別の樹木みたいなものが、血の雄たけびをあげてるように見えてくる瞬間があって

キリスト磔刑図　樹液と樹皮と　その幹よ　井上！
アルプス　陥没湖に　芦ノ湖に
あいつと一緒に箱根で遊んでたからなぁ
井上！　七十五歳

七十五歳で死んで、井上輝夫っていうのは一九四〇年一月一日に生まれた男なんですよ。ボードレールなんかやらなきゃよかったんだよなぁ。あいつはむしろランボーみたいな魂のやつだった。

今頃おれさぁ、　初恋したり　ジミヘンにいれこんだり
してるぜ、……って
白状すると　あいつが
　吉増、もう、鉾《ほこ》　治めれよ、っていう
井上！　井上！

呼びつけって、すごいね、

シュッポ！（コンッ）これ、声じゃないな

シュッポ！（コンッ）シュン！

これはね、もうびっくりしちゃったんだけど、広島で被爆した素晴らしい詩人、……慶應の瀧口さんと同級だった原民喜という優れた作家が、原爆直撃を受けた時に、さまよいはじめた時に、聴いた音が、詩の中入ってんですよ。それがね、シュッフポッ！（コンッ）そういう音だったって、「ピカ」とか「ドン」とかそういう音は聴いたことあるけど、原爆のさなかで、その音を伝えられたのは初めてだったな。それで入れてるのね。呆然自失で…、井上も、えーと、お母さんとも、尾道で生活しながら原爆の傍で、生活をしてたやつだから、それも関係があるんだけどねぇ。すごいねぇ、これ聴いた時は、おそらく、宇宙とこの世界が、芯か底が抜けていくような瞬間の音なのね。

〝シュッポ〟！〝シュッポ〟！（コンッ）、声にしちゃだめなんだな（コンッ）

今日は、慶人さんと、ご一緒の時をもてるのね、というのも、お父さんの一雄さんと、よく、お父さんの一雄さんが、この詩なんかを見て、こうやって詩の行が上がってんのを見て、こういう振りをなさったことがあるけど、その俤も立ってきていますね。

「怪 物 君」 詩乃傍 で
アリス アイリス 赤 馬、赤 城
イシス、イシ、リス、石狩乃香《カ》、…
兎《ウ》! 巨大ナ 静かサ、乃、宇《ウ》!

けっこう激しくハングルも出てくる、ハングル……が、…
だから、書いて印刷した詩を読むところから、現場で起こっていることに、近づかなくちゃいけないようになってきた、そういう状態ですね。まさか、井上の俤に呼びかける、詩を最初に、発声するとは思わなかったけど、自分の中から、自分でも驚いてるけど、読めっ!って声がでてきたんで、吃驚したな。いつもは、臆病で、だいたい年下の人にさえ敬称をつけるようなやつが、呼びつけにするときって、やっぱそうなんだよな。詩ってのは、そういうとこあるからな。それでね。たった一人で、吉本さんの「日時計篇」も「西行論」も全部写しちゃって、「西行」もいいなぁ、「マチウ書試論」もいいんだよ。フランス語の聖書との闘争。だからすっごいテキストだけどさ、書き写すと写経なんかと全然違いますよ。ああいうこともみんな忘れちゃったな。それで、僕、今、「母型論」、っての写してんですけど、もの凄い難しいテキストだけど、これはフロイトと戦ってるようなテキスト、それやって裏表に書いて線引っ張って、線引っ張って、それでね、こんな風にして、眼の前で起きていることが、一番確実な世界ですからね。(目隠しをつける）それを取り払って、暗闇の中で、自分の仕草の音を聴くようにして、あぶねえんだよなぁ、ちゃんと落ちてくれよぉ。（原稿にインクを垂らす）ああ、ものによって言語が違うなぁ。映してくれよ。本郷さん映してよ。近づいて映して。おっそろしい音がしたなぁ。外もいい雨降ってるけど、この、この、今、日本画の金墨液、金の墨の液を垂らしたんだけど、そのイメージが残ってるせいかなぁ。金属質の、初めて聴くような、水音が聴こえたなぁ。そんな風にしておいてから、今度はね、手探りで、もうね、ゴッホやゴーギャンやドラクロワじゃないんだよ。あるいはシュルレアリスムのエルンストじゃないんだよ。そんなの評論して、なんか文化の世界ができてるような、そういう時じゃないんだよ。そんなこと言うと、篠原学芸員も資格失っちゃうかもしれないけど、わるいけど。どこいったかな、どこ置いたかな、ちょっとごめんなさいね。（目隠しを外す）ああ、これだ、見ちゃいけないんだけどさ（目隠しをつける）撮ってよ。自分の大事に書いた、書いてきたテキストだからこうやって潰《ツブ》せるんだよ。これは、がれき化した、あの、陸前高田に吹っ飛んでいったけどさ、南相馬や浪江や、あの方々の、その瞬間の、想いといっちゃいけないな、違うところで、呼びかけようとしているような、そういうことかもしれませんですけど、ちょっと見して（目隠しとる）ありゃ、破れちゃった。これ持って慶人さんに近づいて行こうかな。すごいですよ。紙の命って、驚異的なものだね。で、ゴッホも、チューブの油絵の具を送ってもらって、それで、麦畑で描いてるけど、わたしたちは、インクやなんかをそういう風にして手に入れることができるから、今、ね。こんなふうにして発気《ミアズマ》がどんどんでてるからね。そういう色に対する飢えとか、いろいろ出てくる瞬間みたいなものとか、絵描きだとか、デザイナーに任してられないもんなぁ。それを、うん、毎回、毎回違うんだよなぁ。内緒だってこともまったくないんだよ。書き写してる吉本さんの詩の内容や、罫、線の影響も受けますよ。僕だってニーチェやウィトゲンシュタインだって、読みますからね。その影響も受けます。それを全部この小さい、なんだ、畳十二分の一帖みたいなところへ、狭いところに追い込んでいく。それが書くってことなんだよなぁ。そう、こうした所作が、必ずやペン先に影響を与えてきます。年も関係ないな。性も関係ないな。国籍も関係ないな。最初はね、その、西欧絵画文脈の中で、正面、向かいあって描くっていうのが、たいていの名画だけど、それを大変換したのが、ジャクソン・ポロックっていう絵描きで、ドリッピングっていうのは、アメリカインディアンの、サンドペインティングと明らかに、繋がるんだけど。こう、下に落とすわけ。下に向いてくわけ。僕は、意識して、そういうこともあったけど、それとは別次元に入ってきたなぁ。そういう勉強も続けているし、そういうこともやるけどね。実際にやってみないといけないねぇ。ねぇ、慶人さん、わたしのワンクールは済みました。さあ、先生どうぞ。

於 信濃公堂（信濃木崎夏期大学）

「イシカリノカ—慶人と *gozo*」

「イシカリノカ―慶人と *gozo*」

「イシカリノカ—慶人と *gozo*」

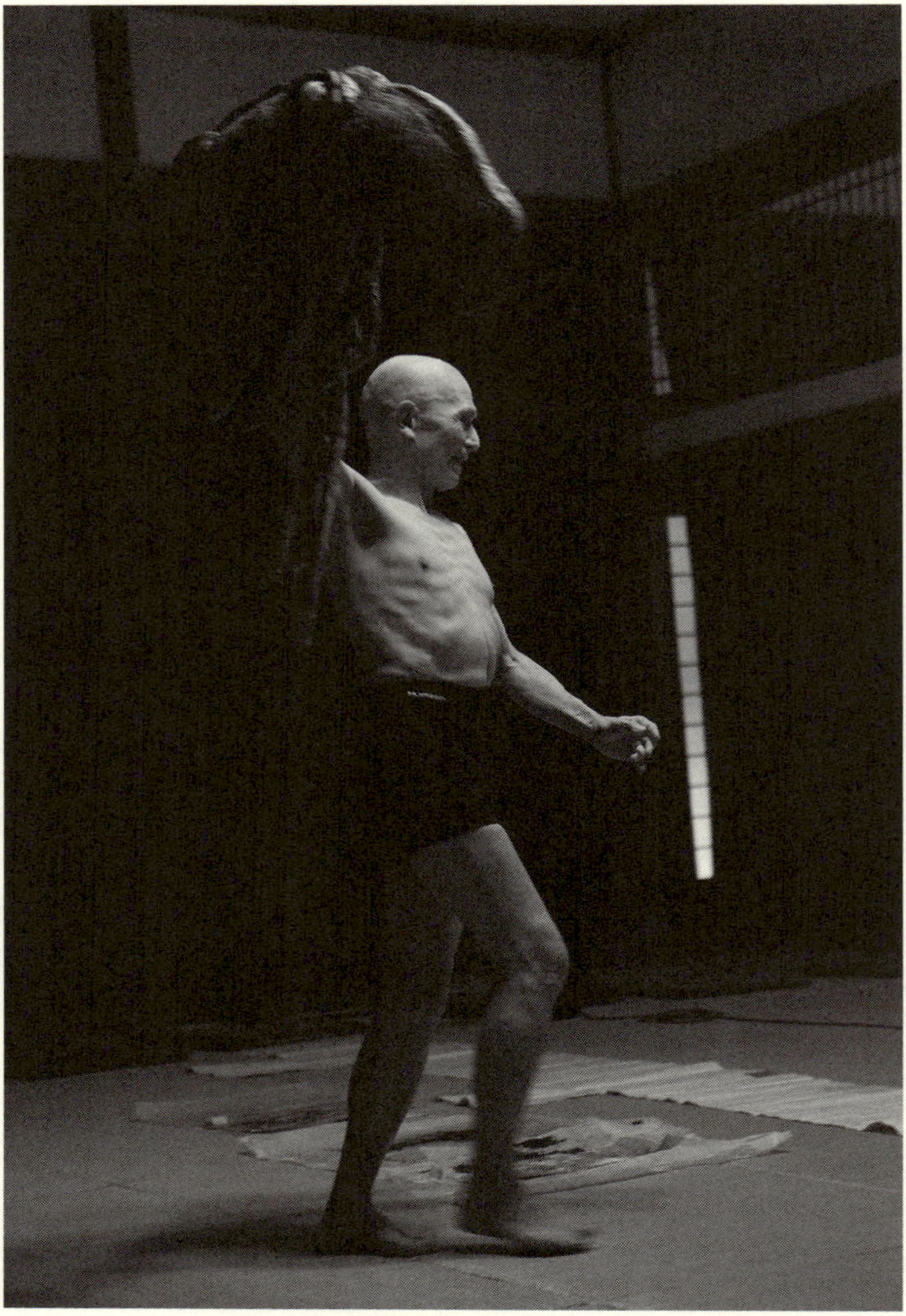

「イシカリノカ―慶人と *gozo*」

吉増剛造・大野慶人「イシカリノカ―慶人と *gozo*」信濃の国 原始感覚美術祭 2015

第四章　大野一雄

薄いヴェールの丘に

*i*河(isi-ka-ra)。薄いヴェールの丘にきて、……心の芯にかぜを立て、〝あたし/荒蕪池〟も、静かに逆、波だつ。……野の花〝少年的孤獨〟ダビデの河(isi-ka-ra)だ。(あのときから一年が立とうとしている)中川さん、田代さん、ケイタさん、樫村さん、が拵えた、……薄い、弾む、あたらしい木(木の肌)の舞台。……夕陽にむかって、水に點々、蜻蛉が水を、た、叩いて行った。ひとは舞台、香水の、……。舞って行かれた、何処へ?——ヒール?、タップ? ……この音を立てて、月暈/大野一雄さんの舞台を見た日のことを書こうと、リオの岩山のまえ、(庭)に辿り着いていた。……ふと、シオの香り(はな、菜々……)が、していた。……女神の舞台/河の女神の生地だ。あたし/戦場/フェニキアの若い金髪の男が初めてつぶ(蕾?)やく。ここで命をおとす、……。不敵な、しかし、若/Wakka、……々しい、優しい声だ。宇宙の何処かに「睡蓮」の適地があって、傾く湿地。、……「*i*河のほとり」、岩山はふと、振向いてあたしに囁く。〝月は不死身ではない、……。〟、……瀕死の境で岩蔭の凹ミに、はな(は)骨を、ふミおとす。風を、一緒に、〝結集/記述〟できなければ、……奇蹟的な、薄い丘の/舞台のハナ(工事? 幾層の?)重さと、か、るさ、と村と田と川と(樫《カ》?)とは(わ)、未生以前に、〝折角の/設計〟は、沈んで行く。、……菱川善夫氏は、工藤正廣さんは書くだろうか。(星ハ逸れて、……)行く水の/力の籠。(籠、クスコ、コク、クスコ、……)。そうだ、睡蓮は、野《ノ》が、〝夢の舟、……〟。孕む/ふくらむ。〝傾いた自轉車

（ノ、……籠、……ノ、……かたむき）〃。、……。死の霊の里の帰りの掌の薄い匂いの名残りのハナの、あたしたちは未生の密集を愛しむ。

*i*河（isi-ka-ra-rio）、薄いヴェールの丘にきて、命の水の、刺青、にさ、摩って去った。、……初めての今年の黄金の夏の梨の／フェニキアの若い金髪の男の声。、……〃俺はバスケットボールの環の上に住む〃。そうよ、浮クために住ム。月は（昔の、切株の色の、……）環を懐かしみ、やがて、翁の肩に、下りて、来ていた。、……聖書の石狩は小さな水駅。*i*、若ツ、ka?、ka、ka、ッ、kazu（n）o。鹿角のキツネが、金色の毛並みの尾のなかへ（iso-iso／ンと）駆けてッた。薄いヴェールの丘に、気がついて、……蜉蝣《ア／キッ》は、谷間へ急いで行った。

何処で踊る? 何処でも踊るさ。

月暈／不死　01

少年的孤獨、——が、神霊を卜す、木棒《ぼっこ》を、下《オロ》し
——わくか、チューリップが、捧げられた

水は孤絶《コタ》えた、蓮波の姿、波裏の皮膚のちぢみ
——そこから、わくか、あたしは、沸き、上る

可愛らしい、インキ壜が、河口で揺れている、しを（汐）らしい
——初めての紙、石狩の香《カ》、

飛べなくなった鳥たちがあたしたちの下をふむ
——足跡の湖《コ》

〝あたしは誰？　少年的孤獨の女、……〟。稚《わく》か、い舌、神の下、下着が、風にゆれた
——水の細（破）線が、水裏を、漉《コ》して（夕、折って）

月暈――　骰子の紅い目、月暈、――*The halo of the moon*
　――ぎざ
〝あたくしは読み忘れられた詞章の切れ端《ハシ》……〟
――王妃が目を覚まして、枯れたはなを捧げた。月の暈《カサ》の、ぎざへの、贈りもの
いのちのかぎりの顎《アゴ》の思い出。ガーズ。*gaze*、薄いブルーの
　――*yes*！
胸の縛られた、木棒《ぼおっこ》の、木《コ》、舞（中川さんが）台、イシカリノカ
――生魚《シャケ》が、柵に頬を擦りつけて囁いた、鹽の匂いがした頬の僕の裏に、……
波の
　――ぎざ
少年的孤獨、――が神霊を卜す、木棒《ぼっこ》を、下《オロ》し
――わクか、チューリップが、捧げられた

さは（わ）るものとさは（わ）られるものの境《イ》の、いのちの木《キ》、そのいのちのはての
——（尖った）顎《アゴ》の思い出

河／湿地は、低い水／黄金瀬の言葉になって割れて服を縫い頬を縫う、刺青の
——雨がのびてそして

わたしたち稲妻は生きて行く——、宇宙を曳《ヒ》いてゆく
——つるッ、つるッの、紅い、オ、目冥《メ、》の、

蟲（目の奥）の御膳だ、オッチケ？　うん、そういういい方もある
——無言の御膳

飛べなくなった鳥たちが、魚籠《ビク》を啄む、水底に、銀河が、静かに、挿された
——えっ、死海でツリをしてた？

月が（〝ここだけ濡れてる〟）下りて来て、遊ぶ
——おま、

サ、木馬《きんま》が歩く、夢の片隅路《みみち》を。菫を積む、ざんばら童子、慶人《ヨシト》の拵《こしら》えた、ドッジボール
——櫻のはな、宇宙の匂い

御玩具《モチャ》の

ガッポカッポ

ハイ、ヒルの

いのちのはての（尖った）顎《あご》、丘の〝ギー！〟

——ぎざ

少年的孤獨、——が神霊をトす、木棒《ぼっこ》を、下《オロ》し
——チューリップを捧げた。わくか、〝湿《シツ》／台《タイ》〟、〝枯れ鯨《ケイ》〟の、丘の上

ミルク（彌勒《ミロク》、……）の耳の手／O氏の舞踊

〝御遍路さんの後姿、……〟に付いて（「随く」、……が佳いけれども、……）

〝わたくしの心〟も〝みえない手（ティ）、……〟を振っているかのようでした、……。

シャッター（雨戸、遮光、……）の手《ティ》が、手も複《マタ》、……

湯《ユ》目をみる

手《ティ》も再《マタ》、夢《ユメ》を見る、（あるいは、不図、……「手にもまた夢を見せる、……か）
三軒茶屋という素晴らしい名前の残る（、と思いつ、「わたくし」も又、〝光の道〟を歩いていたのかも知れませんでした、……）
名前の残る
O氏の舞踊（心の中から〝手〟が出て来てその「手が、……〟わたくしたちに向かって合図を送って居るような、……）ニ

気がつくと〝わたくしの心〟も〝手を、……〟出して、
その手を振っていた
あるいは、〝その手《ティ》、……〟は、ミルク（「彌勒《ミロク》」、……）の
耳《ミミ》の手《テ》であったかも知れなかった

（その刹那、わたくしも又、巨きな右の手を、右の耳の後に、飾《かざ》して考えていた、……）
三木富雄さん、貴方の「右の耳」の作を（「わたくしの目」は、みに行くことでしょう、……）
〝御遍路さんの後姿、……〟に付いて（「随く」が佳いけれども、……）
〝わたくしの心〟も〝みえない手〟、〝みえない耳〟を
振るようになって参りました
とっても狭い、この宇宙、そこで
手も又、……湯《ユ》目をみる

『死海』の水

一九八五年二月、大野一雄は舞踏フェスティバルの一環として、東京・有楽町の朝日ホールで、『死海 ウインナーワルツと幽霊』を踊った。その舞台をふまえて、『現代詩手帖』の特集「舞踏・身体・言語」のために、四月三日、上星川の大野一雄宅にて、樋口良澄の司会により、吉増剛造と大野一雄による対話が行われた。

死者・他界

吉増剛造　大野さん、わたくしはあまり話が上手ではないのですが（笑）よろしくお願いします。それに舞踊について身体の表現について語るのは、これまでまだまだ、言葉が熟していないと言いますか、とってもつらかったのですが、ぼくも土方巽さんの暗黒舞踏以来、いくつもの舞台や踊りに衝撃を受けた経験もありますし、朝日ホールでの大野さんの『死海』（『死海 ウインナーワルツと幽霊』一九八五年、朝日ホール）は、二月十一日（初日）に拝見して、これはすばらしい体験でした。

今日はお宅にうかがって、舞台の余韻がまださめないところで少しずつお話ししていくわけですが、こんなことがありましたですねえ。たしか去年の秋の初めでした、大野先生から「いま『死海』という舞台を準備中ですが」突然だったですが、電話をくださったことがありました。ぼくの詩集『オリシス、石ノ神』もエジプトでしたし、そんなお話も出ました、あのときにはどういうことを、だいたいどういう構想というのか、イメージを持っていらっしゃったのでしょうか。

大野一雄　それは、真白い裾ひろがりのドレスを着て海の中に立ちつくしている女性の足許からこぼれ落ちる無数のいのち。重なり合いながら寄せてくる波。波間に溺れつづける子ども。誕生をよろこぶように手足をばたつかせている子ども。生誕のよろこびと同時に生きる苦難がのしかかってくる。これは錯乱の場であり生きる場であり舞踏の場でもある。高貴、威厳、孤独。母親のイメージをとおして体験的に「dead sea」という言葉が浮んできたのです。命の原点に向い合っているような思いでした。

わたしが一九八三年、イタリア、イスラエルを訪ねたとき、「大野一雄は孫たちを連れてやってきた」と書かれたことがありますが、息子（慶人）と二人旅の場合もそのように書かれました。人間が生きているということは老若を問わず無数の死者、生者にとりつかれて生きているのだと、そんなような考え方があるのではなかろうかと思っています。このようなところからも、愛を運ぶ死者の足どり、愛を探す死者のとまどいが見えてくるのです。イスラエルの山並みに立って死海をのぞきこむことなしにはこの出合いはなかったのです。

みんな待っててくれた子どもたちの愛に応えるために、わたしはいったい何をしたらいいのかというと、迷いですよ。何していいかわからない。だから海の中に立っていたあの女性、母親が、届かなくても手をのばそうという気持ちがそこにある。たくしあげたスカートによじのぼった子どもたちが、ハンス・ベルメールの絵のように肩にも背にもまぶたにもぶらさがっている、すがりついている。母親にいだかれている赤ん坊。まるでマリアの許に帰ってきたイエスのようでもある。作品『死海』についての最初の発端はこのような想いであったのです。

吉増　スタジオ二〇〇で催された大野先生の「O氏の肖像『死者の書』講演と映画の会」（一九八四年四

月）に今日の用意のためにうかがっていて、そこでも強く印象に残ったのですが、大野さんははじまりをとても大事にされる、いつも発端がまず浮かんでくるわけですね。いま「イスラエルの山並みに立って死海をのぞきこむことなしには…」とおっしゃって、わたくしたちにも発端の景色が見えてきますね。母なるものも、その場所も。

大野　ええ、そうなんです。最初、立ちつくしているなかでウインナーワルツの演奏が微かに聞えてきました。溢れるばかりの幽霊が、花の美しさを競い合うように、残された牙城の内から外へとこぼれ落ちるのです。尋常でない幽鬼が私をじいっと見つめていたように思われました。美しさ、華やかさが無残さの中で一時に咲き出たような想いでした。死者の歓声のような響きでした。眠りから醒めたような。眠りに入っていくような不思議な想いでした。

『死海』を見られたわたしの友人から、「死者の感性と生者の行進」という言葉をいただきましたが、この二つは分かち難く精神と肉体の分離を拒否するなかで成立するその証しであると思っております。このようなことが単独に舞踏のなかでできることか、単独でないとしても成立するかどうか、幻覚の中で魂の形として取り組むことは、成否にかかわらず舞踏家として冥利につきることだと思っております。

人間の履歴書とともに宇宙の履歴書があり、肉体に刻まれた履歴は、同時に宇宙成立以来の履歴書でもあり、人間という形はその証しでもあるはずだと思ってます。夢や幻覚は正直なその証しだと思っています。だからそれは遠い人ごとのようなことではなく、身近にそれ自身だと思います。最初に死海の端に女が出てきたということも、幻覚でもあるが現実でもあると信じております。問題がこめられ希いがこめられておるのですが、自分だけがわかっているということは困ります。

こんなところには生きものなんか住めないと思っていた、死海をとりまく山肌をかけめぐっていた無数の「鼬《いたち》」たち。穴を掘って山に住み泥を食べて生きていたあの生きものたちが、わたしの体験（胎児）と重なり合い、死海のイメージのなかで、母親の裾からこぼれ落ちた無数の子どもたちと一緒に始めた行進、金管五重奏ファンファーレの伴奏によって繰り広げられました。無数の子どもたち、獣たちを連れての行進で、我知らず、そのなかに没入していたようです。

お母さんのおかげです。女性のおかげ。ジャンヌ・ダルクが先頭に立ち、大旗をふりかざして、前後まわりを振り向きながら、歓声をあげての行進でした。死者も生者も取り囲んでいるなかでの、ふるえるような想いでした。必死でした。

吉増　そうですね、映画の『O氏の死者の書』でもそうでした。進めなくては、進まなければと言われたその行進が、病いや死を伴ってというより、病や死を引き連れて出現してきましたよね。あれは印象的でした。運んでいく棺をかわるがわるのぞき込んでは止り、行進していきましたね。あそこで思いましたけど、病や死に連れられて、生きているということもあるのですね。

大野　そうなんです。行進曲にいま言った夢を入れたわけですね。宇宙の塵が集合してこの地球が成立した。石から出た、星から出た水分が、海が熱せられて水蒸気となり天に昇った。その空が海が、天から降った時代があった。こう下から天に上がり、こう上がったものがこう下るというなかで海が成立した。私がなすところなく立ち尽すわけです。海による私への洗礼。言ってみれば、わたしの生命の誕生とでも言ったらいいのか。高圧と高熱により生命が発生した原初を想い起していたんですよ。そうして、生命誕生の響きをまともに受けながら、私の生命に刻み込まれるものを受けておったと。

わたしは数日前、『日本絵巻物全集』（飢餓草子、病草子）をひもとき、アフリカの飢餓と病についての語りかけを受けました。今年の初めは巨大な巻紙のような手紙で始まりました。ひらがなでゆったりと書き記されておりましたが、書き記さなければならない自分を感じました。書き記すためのものなのに、すでにびっしりと書き記されておりました。古風なまでに茶色に染みた手紙（宇宙の履歴書）を巻き付けておりました。わたしの姿はその中に埋没しておりました。どのようにして燃したらいいのかと。思案に余ったなかで夢がさめたのですよ。耐えて耐えて、耐えてというなかで、自らの火で炎が立ち上らねば、と、できもしないのにそう願ったのですね。幻のような火の鳥が大地を踏みしめ立ちつくしておりましたが、大きな鼾をかきながらの退場でした。

吉増　いまのお話は、大野先生に、ご自分のヴィジョンを見事に凝集して話してくださって、凄いというんでしょうか、息をのむような気がして。海の成立、『死海』も焰を立ててみえるようですし、古風なまでに茶色に染みた手紙（宇宙の履歴書）を巻いても、凄いなあ（笑）。ぼくも初発ということにとてもこだわるので、そこに戻るのかも知れませんが、大野さんそのとき初発の火のつくときから、その火の鳥が出てくる。ところで大野先生は一所懸命にそれが出てくる順序を追ってらっしゃるのですか。

大野　順序を追うってよりもね、何かをやろうとするときに、何かなければできないから、だから必然的にね、そういうとこに立っておったんですよ。

吉増　ちょっとその巨大な巻紙にこだわってみますけれども（笑）。まあ、書くということにもこだわって、少し引き込むようでずるいかも知れませんけども、その巨大な巻紙のこちら側に書くんじゃなくて、あちら側から書くというところで、大野さんのお話が展開したと思うんですよね。そこはどうでしょうか。

大野　それは、自分が書くっていうことと両方。

吉増　両方ですね、きっと。ただそれを待ってるんじゃなくて、こちら側からも巨大な巻紙に書いてゆく。

大野　そのあたりがなかなかね。それを今度ね、そういうものを頭で描いてこうやるとね、頭の中で描いてるってことがわかるわけですからね。だからそれこそやるときは、いま考えると、思うとおりにはやれなかったけれども、やっぱり八方破れのようなね、そういう形でもって実現しなければとてもだめだ、というところはありますね。

吉増　巨大な巻紙ということで、とてもはっきりと白いスクリーンが出現しましたですね。ちょっと話を戻しますけれども、あの朝日ホールでの公演（『死海』一九八五年二月）は三日間ありましたね。ぼくはたまたま初日を拝見したんですが、当然その日その日の違いがあったでしょう。それは恐らく言葉にならない問題でしょうけれども、その場合に初日、二日、三日と変化と同時に、そのいまおっしゃった、あの「頭の中で描いてるってことがわかる」と、とても面白いおっしゃり方されたのですが、わかってしまうというんですか、初日、二日、三日というふうに移ってしまうという、苦しいこともあるのでしょうね。

大野　それは向うの問題、見る人の問題っていうよりも、むしろこっちのほうに問題があるんですね。それで、じゃあただ見るだけかってことになるとね、やっぱりそうでなく、観客と自分の関係ってものが、例えば稽古の中でやったかもわかんないけれども、こういうふうにして、見てるわけです。わたしが生徒に教えているときは、こういう気持ちでなければ見ていられない、自分の願いがあるからね。だから観客がこうやって見てくれるものだという理解では、とてもできないだろう。やっぱりこういうふうな状態の中で、観客が必ず見てくれるようでなければ。

吉増　ここで「観客」が突然登場してくるしかたが、とってもスリリングですけども（笑）。いま、大野先生はソファーの左側の肘をしっかりとこう抱かれるようにしてお話ししてらっしゃいましたが……。「観客」に近いところに向こう、向こうの世界があるわけですね。

大野　それも含めて一つのものだということです。だから、気持ちが、舞台の上だけでやってるのか、ということになると、拡がりが、海が、「観客」まで拡がるし、参加を当然してくれないとだめだろうという気持ちがあって、(そこまではいかなかったけれども)、しかし当然そういう舞台でね、参加してもらわなければどうしようもないだろう。一人で回転するなんて、そんなことは考えられないって気持ちがあります。

歩行・始まり

吉増　大野さんからつねに「始まり」ということが出てきて、その「始まり」は……。

大野　「始まり」っていうものだけど、それはいま話したようなことが「天地創造」にかかわってくるわけだけれども、そういうことを考えていったときに、「天地創造」ってのはもう終ってるわけじゃない。依然として集積されているし、大陸移動にだって、現にちゃんと行われている。だからそこでミサが聞こえてきておったということが出てきている。ミサでなくても何でもいいんだけど、ミサよりほかにちょっとないから、ミサが、「天地創造」のときに鳴り響いたミサが、いまもなお聞こえてきておるから、大陸移動も、「天地創造」もいまだに行われておるんだろうという気持ちがそこで湧くわけです。

吉増　はい。その「天地創造」が鍵ですね、……。ところで大野先生には舞踏のためのノートがあるようですね。

大野　ええ。

吉増　『死海』のためのノートもあるんですか?

死の床に横たわる瀕死の女（ノートより）

赤肌の山並みが死海に姿を映していた。こんな処には生きものなんかとても住めないと思っていたのに、いたる処全山に亘って四十糎位のけものたち（鼬？）がちょろちょろちょろちょろちょろと駆けめぐっていたのには驚いた。

岩塩とにがりで固められ泥がプールのような作用をして降雨量が極めて少なく太陽のもと焼けつくように乾燥しておるのに立昇る湿気のおかげで穴を掘って棲んでいたのだ。海面下数百メートルの海底に億単位の年月に亘って堆積された微生物の残骸が彼等の食物となり命を支えていたのか。言って見ればけものたちは山を喰べ山と共に生きていたのだ。そして山はけものたちにとっては身体の部分のようなものだった。山に昇り山肌をみつめているうちに、なぜか自分のことのように親しみを感ずるのでした。そうだけものたちはこのような環境の中で最大の自由を獲得し未知のものに対して全エネルギーを集中して振り向きこちらを視ていたに違いない。地の果てでもあるし又世界の中心でもあると不思議なおもいにかられるのでした（中略）。

わたしは山肌に棲むけものの様に体臭までも変って欲しいと願いました。それは日常の中での体験のようでもあり、又自分の生涯を決定させる様な作業でした。死海に映った自分の姿が山並みにいだかれているけものたちの様な姿でもあった、炎天の下あの山並みに立った時わたしはいたむばかりの想いで母の胎内を想いおこしていた。私はこのけものたちのように母親の胎内で生きておったに違いない。あのように駈けめぐって。全山到る処山肌を駈けめぐるあの鼬のようなけものたちは白昼の光の中で全くくみなれない侵入者に対する好奇心からか天地がひっくり返る様に騒々しく、しかも生きている証のように生きることを謳歌している様に駈けめぐる。

胎内に在る時は宇宙の摂理としてのあらゆる体験を生命記憶として心身に刻みこまれるが、誕生と共にそれに代るべきものを生涯に亘って求め続けることになる。人生とは何か。人間とは何かと思いつづけ胎内回帰という言葉さえも生れる。死海の山並み、岩塩の上で死が折り重なるようにしてとり囲んでいた。「死の床に横たわる瀕死の女」。肌を接せんばかりの美しさ。われを忘れたわたしは死の陰にそおっと横たわる。

ひとごとでない想いが私の心を刺す
山並みを馳けめぐるけものたち
死の床に横たわる瀕死の女（以下略）

大野　そうですね。『死海』のところの一部に「天地創造」のエピソード、「天地創造」の後日物語の「天地創造の一翼を荷うなんて、とんでもない。アッという間もあらばこそ、さかしまなり足を天に向けて立っていた。大地は鷲の呼吸のように私の背をしっかりと支えてくれていた」と『死海』公演の挨拶状にはこの部分のことを書いて、「まるで東京湾に小船を浮かべてハゼ釣りでもしてるような思いがする」と、書いたんです。

吉増　それはまたずいぶんふわっとした受け皿が出ましたね（笑）。

大野　それがね、魚釣りが踊りの原点であると。原点と言うかね、心と動きがね、内的なものが釣り糸によってわたしの心がひっかかった魚とつながっているように、心の糸で動きと心が完全につながっているのが舞踏だと思っています。これは魚釣りの意図と同じである。それで幽霊なんてこともあるからね、ハゼ釣りなんて小さいけど、これで人間と同じくらいのハゼがかかってきてさ、目と目が合ったらこれは動転するだろう、と。しかしクジラが出てきてかかってきても別に驚かない、というような思いがあった。それで私には小学校のころ、夢中でハゼ釣りをした経験があるわけ。それでいまだに踊りってやつはね、ただ動くんでなくして、魂でこうして踊るということになっている。そしてあらゆることがらがそこに関わってきたんです、環境から。

吉増　そうですか、その「心の糸」も鍵なのですね、……。子どものときに釣りをしていた、そんな幼少の記憶も原点にあるのですね。しかしまあ等身大のハゼだなんて（笑）、これは恐いですね。そんなハゼが出てくるなんていうのは幼少のときからの夢なのですか？

大野　いや、それはこれを書いたときに、「ウインナーワルツと幽霊」なんてことを考えていたものだから。NHKでドキュメンタリー映画をつくるって話があったんですよ。『死海』と『ラ・アルヘンチーナ頌』のステージといったフイルムがあるでしょ、それをドキュメンタリー映画でつなごうという話があったんです。それでわたしが釣りの話をしたら、じゃあそれは今度一緒に釣りに行きましょう、という話をしておったうちにね、その人が『宮本武蔵』の演出をやるようになっちゃって、変わっちまったんですよ。それでドキュメンタリー映画を作るのはストップになっちゃって、そのときにその人と話したのは、魚釣りのこういう話だったわけです。

吉増　大野先生の中にはそういう原形物質的なものがいっぱいあって、石、岩石にしろ水も死海も浮びますけれど、映画『O氏の死者の書』でも、非常に印象に残ったシーンがありまして、確か波止場から、桟橋から飛び込もうとして飛び込まなかった。

大野　あッ。

吉増　あそこでいま、釣りの話を聞いてハッと思い浮かぶんですが、そういうこう水というんですか、飛び込む大きなものとしての水。それと死海は結びつきがありますね。大きなイメージが。

大野　ええ、ええ。

吉増　いま、少年時代の釣りの話から等身大の魚と目と、それからどうしてそのときになぜ飛び込まなかったか、後で悔いたとおっしゃった桟橋からの水と、それとこの死海、dead seaはつながりがありますね。

大野　それでね、これをやったときにね、将軍の装いをしたままなんです。それは父のイメージなんですよ。それで夢の中でね「おかあさん」と絶叫したことはあるんですけど、しかし「おとうさん」と絶叫したことはかつてないんですよ。それで子どものときは、「とうちゃん、とうちゃん」って言っててね。「かあちゃん」、それは直そうと思ったけどもね。なかなか直らない（笑）。

吉増　そうですね。ぼくもいまだに「とうちゃん」、「かあちゃん」ですね。とてもはずかしいです、直らない（笑）。

大野　母が亡くなってから数年後、夢の中で毛虫が這ってきた夢を見たときに、「おかあさーん」て夢の中で絶叫したってことはお話ししたでしょう。そのときは絶叫した。しかし、「おとうさーん」とは絶叫したことがない。父親にも母親にももっと長生きしてほしかった。父が死ぬとき、喉をゴーッと、痰が詰まったのか喉の音を聞いたので、ゴムのパイプを口の中に入れてチュッ、チューッと吸った。だけども「おとうさーん」と言ったことがない。だからせめて今度は将軍の服装をして、舞台に登場してもらって、なんてことを心の奥底で考えてるんだよね。

「お前はそんなことを……。舞台の上に登場して将軍に仕立ててなんてとんでもない、毎日俺（父）の中から出たり入ったり、入ったり出たり。いつも一緒に住んでるじゃないか、それ以上にね、俺にいったい何をやらせようとしてるんだ、俺はもう恥かしくて仕方がない」って気持ちがあるわけです。「もうやめてくれ」って言うんですよ。あの無口な父親に代っての私の一人芝居。でも父親の心情の中でのことおしゃべり、潰れるような思いで泣きたくなる、死にたくなる、遊びたくなるでしょ。それで、生きたくなる、死にたくなるって思いが次々次々出てくるんですよ。こういうところからも口上のようなことが出てくるんです。そういうところもやっぱりあったんです。

それで北海道へ『O氏の死者の書』の映画を撮りに行ったときに、これは父のイメージですよ、支笏湖に行ったらね、陥没した支笏湖が、静かに水をたたえておって、そしてこっちの樽前《タルマイ》山が噴煙を天に応えるように吹きあげている。大地が隆起し流れまで変えてしまった空《から》になった水の流れが苔の洞門を通り静まった思いの中で支笏湖にそそいでおった。

こういうような情景を後に見たときに、父親と母親がしょっ中喧嘩しておったけれども、そういう姿を見て、そういうなかに父親と母親の鎮まった思いがあるようにわたしには見えたわけです。二人はほんとうに仲がよかった。

吉増　ない水が流れて支笏湖に注いでというのはなんでしょう。面白いですね。それは……。音もないのに聞こえるような気がしますね。桟橋のところはそんな大きな桟橋ではなかったのですか。

大野　ええ、このくらいの低い桟橋なんです。重厚にして華麗そして荒唐無稽。私は死者からの伝言を聞いたとき、将軍の服装のまま桟橋から飛び込みたいような想いだった。汚れるから（笑）、最後の日しようと思った、明日がきて飛び込もうと思ったら跡形もなく消えちゃっていた（笑）。しまった、遺憾極りない、画竜点睛とでも言おうか。それがあればよかったと、本当によかったなと思ったね。

吉増　その映画のときの桟橋と水のない川の流れと『死海』は結びついているというんですね、それでこの春に現われてきて、大きな延長線というのですか、不思議な大きな曲線ですね。

大野 そうですね。そういうものは、やっぱりありますね。

吉増 そうですか。お父さんとお母さんも、そんなふうにして佇んでたんですね。

「夫婦は天界に於ては一人の天使である」（スウェーデンボルグ）

大野 それから今度は女の人がこうしておるけれども、わたしがヨーロッパで見た『死海』のポスターには入道雲が入ってね、それで入道雲に目があってカッと見てるんですよ。何となく目がいずこともなく死海全体にずらっと向けられておるような目、目が私をそこで見てるんですよ。そういうものを含めてね。

吉増 何かお話をうかがっていると、いまここに、入道雲が、等身大の目があるような気がして恐くなっちゃう（笑）。

大野 そういう目ってものになってくると、話は変わるけどナンシー（フランス）に行ってね。生活と踊りってのは別物でない、信仰と踊りは別物でない、という証をしようと思った。だけども何となく自分で証をするなんて大それたことは考えられない。牧師さんに相談したら、「イエスのまねきとしてあなたはやるべきだ」と言われまして、「それだったらわかりました」ということで、サン・ジャック教会を訪ねた。一対一でと思っていたのに信者で一杯。盲目の六十くらいのおばあさんが背を向けて、こうしてバッハを弾いていた。その盲目のおばあさんが、済んでからね、わたしの生涯においての感動的な出来事だったとよろこんでくださった。入口から祭壇に至る通路。それは果てしのない道程のはじまりのような想いが一瞬わたしを襲いました。通路の真中ごろに二段くらいの低い階段があった。長い年月にわたって磨り減った石の窪み。お母さんの窪みだと思ったとき、その上にいつの間にかふせていた壁は、信者らの想いがこもり長い歳月の手垢で彩られていました。そしてだんだんだんだん入ってゆくでしょ。するとまわりに宗教絵がいっぱいあるしね、それをこう見ると、涙がこぼれてくるんですよ。涙をこぼしながら、「お前は演劇とか舞踊やってるから、涙をこぼすのに馴れてるんだ。だからこぼすんだろう」というような声が心の中にはね返ってくる。すると「俺が流す涙は本物でない、にせ物の涙をこぼしておる。いまさら仕方がない」と思ってね。それで何となくそんな思いに苛まれながら、もうどうにもお手上げの感じなんですが、やるだけやるしかないんです。

吉増　いまおっしゃったのはとても大事なところなんですね。ここ、……もうどうしようもなくてやるということと、さっきおっしゃった八方破れということと、それからとにかく始めるということが一緒になっているわけですね。

大野　そうです。それで今度はそれをやってから舞台が終るとパーッと拍手が来ました。恥かしさでいっぱいでした。わたしは敗退したような気持ちで出口に向かいましたが、そこに小さいイエスを抱きかかえたマリヤの像がありました。わたしは紙でつくった白いこぶしの花を手にしていました。わたしはその前に立ち尽してしまった。わたしは日ごろユダによって恩恵をこうむっていると心に沁みついていますし、イエスはきっとユダを許して、ユダのために一つの空席を用意していてくださると信じております。ユダは自分が許されないものときめつけ、首を吊って死んでしまった。いや、ユダは自分を売ったイエスなのに、イエスは自分を許してくれることを知っておったのかもしれないが、悔いがあまりに深かったので自分で自分の命を絶ったのかも知れない、ユダの腰かけるところがどっかにあるのかもわからない、なんてことを考えながら、退場してきたんです。

白い花にとめどない愛が込められておったのかも知れない。わたしにとってあの白い花はイエスだったのです。聖書に放蕩息子の個所があって、「お父さんのところへ行ったらどういうふうにしてお詫びしようか」なんてことを考えたんだけども、そんなことなんか全然不必要だった。そしてまじめに働いていた兄貴が怒るくらい、帰ってきた子どものために最大のごちそうを作って食べさしてくれた。そんなようなことと同じことじゃないだろうかという思いがずうっとあった。

すべてが終って帰ろうと思って出口のドアのところへ着いた。シスターや信者の方々と、「メルシイ」と、涙を流し感謝し合った。生涯に於いての感動の極みでした。わたしの知っているたった一つのフランス語「メルシイ」がわたしの口からとめどもなく。

壁・骨

吉増　そんな大切なシーンを、言葉にしていただいて聞けるなんて、……奇蹟的な気がいたします、……。大野先生の場合のような、その体と心の、深いこういう感覚的な体験じゃないですけども、ちょっといまお話をうかがいながら二つ三つ思い出したことがあって、お話ししてみたい気がしてきました。

何年か前ですが、メキシコの教会へ行って、門の前でぼくは茫然としていたんだと思います。信者の方は遠いところからこう、膝行というんでしょうね、ゆっくりと膝で歩いてゆかれますよね。というか膝まづいたまま歩いていくっていうんでしょうか。ぼくは巡礼や道行みたいに連れだって行く姿を見たり想像するのも好きなんですが、歩くっていうことも好きですけども、あれを見てて足で歩くよりも時間はゆっくりですよね。ほんとに茫然とゆっくりと傾きながら……。それでああいうふうなものに、言葉もなく感動しましてね。

それから、これは近年ですが、ロサンゼルスで書くところがなくなっちゃいましてね、教会へ行ったんですよ。おそらく内心書く場所を求めてそこへ行ったんでしょうね。夕闇の迫る教会でボーッとしてましたら、三々五々人が来ては、祭壇にというより中庭の飾り祭壇のようなところに人がお祈りに来て、それを見てました。そうしたら今度はぼくが書き出しまして、その姿を見られていることがわかって、何かホッとしているんですね。そうすると、大野さんのおっしゃってられた遊び、パーティに近いようなゆっくりした時間も来て、風に舞う枯葉のカラコロもスペイン語に聞えまして（笑）。そんな経験をしてました。まあ、ほんの少し肉体を通ったのかな。肉体はいろんな壁ですからね、ぼくらの場合は大きな壁になっているから。まあ、少しずつ大野さんのお話を水増しするようにしか言葉を出せないのですけど、でも喜びの思いと、遊ぶ思い、生きる思い、まあ死の思いもあるでしょう、それが身体の中から出てこようとしている。大野さんの場合それが溢れてきているから、ぜひ、いまの「白い花」のように、少しずつ細部にわたってお話しいただきたいと思います。

大野　それはさっきお話ししたんだけども、ナザレの街を歩いていると、足どりがイエスの足どりになる。子どもがいないかって見たわけですよ。でも子どもはいないで雨がシトシトシトシト降っている。それで走り出す人なんていないけれども、シトシト降っている。その坂道を自動車が往き来している。商売の自動車ですよ、アラブの人の。イスラエルの人なんてほとんど見かけない商売の街。そこで子どもを捜すんだけど、ちらっと見えたのに、もういなくなっている。イエスはどんな少年だったのか、別に頭がよかったわけではないんだ、だけども、いつも神と一緒に立ってたんだ。それだけのことを、「そうじゃないだろうか、そうにちがいない」と考えながら歩いていたら、ハッと気がついたら自分の足どりがね、イエスの足どりになっていたということをはっきりと体験したのです。これもまた生涯に於ての心に残る大切な体験の一つです。

吉増　足のそれは膝？　あっこれはさっきの膝行の記憶がまだあってですね、骨や膝なのでしょうか。

大野　いや、そういうことではなく、足の全体だったね。すると、こうしてるうちに思ったわけですよ。それは、踊りながらわかるでしょ、いま自分が何をやってたかっていうのは。そんなことを体験してるからね、だからはっきりね、「ああ歩みがイエスの歩みだ」と思った。だからその教会で足をくすぐったのと、それとその坂道をあがったのは、生涯における重要な体験だったのです。

吉増　今日、お宅に来るときも坂をあがって、大雨が突然降ってきて、レインコートをかぶってあがってきました（笑）。ぼくはどうやら雨男で…（笑）。土方巽さんの霜柱か凍土のような立ち姿はちょっと真似はできませんけど、笠井叡さん、芦川羊子さん、中嶋夏さんの後を追ってくるような道行もあって、時々よく一人で部屋の中にいると、真似てみたりしたことがあったんですね。ひょっ、空気を押す真似をしてみたり、芦川さんの真似して夢のなかで気がつくと、しゃがんでいたりしてますね。中嶋夏さんに、『ひねもす神楽坂』という作品があって、少女に揺すぶられて箪笥が夢のなかでもう十年も激しく揺れつづけたんです。変なんですね（笑）。こうして思い出してみると、とても深いところで衝撃を受けていることがわかります。

笠井叡さんはとても面白いんですが、突然振りをやめて普通に歩き出したり、空中走行から不思議なトリみたいにすべって着地するのを真似てみたり。そういう幽霊観客、影の自分、かすかな自分と言うのでしょうか、これまではなかなか言語表現には出てきませんでしたが、それが出来始めてきているような気がしてます。ちょっと大野さんのお話の速度に染って、今日は言葉にできるような気がするのですけど、イエスの歩行ということで、非常に気がつく点がありますね。わたくしにも受洗という経験があるし、異神の死と血を幼少のときの苦しみですけど、とてもつらい血の争いを通行してきていて、きっとだからでしょう、大野さんのおっしゃるイエスの歩行もわかりますし。それから、まあこれは宗教の問題ではないですけど、それよりももっと途方もない異境から来るときのことを考えたほうが夢がありますしね。巡礼さんのどなたかと一緒の道行もわかります。そうして片方はキリストとの道行、もう片方は巡礼のお祖母ちゃんとの道行という変なパフォーマンスで（笑）歩くってことをしようとしてたようですね。ずいぶんと東京も北千住まで歩いていったり、何かこう働きながら歩くってことをしてるんです。

どうも大野さん、土方さんの、土方さんの鋭い耳と目の歩行も、そうした肉体の感応というものがあるような気がします。幻の戦後の能舞台といったらいいんでしょうね、戦後の舞台……。それだけに限って言うことはできないですけど。

大野　膝をついて歩く、教会の中で信仰するのにね、それで舞踊、それだけではない関りを期待してるんですよね、すごく。

吉増　本当にその風習は知りませんですけど、教会の中に入るとやはりこう、その板のところに膝が行きますね。

大野　話はちがうけど昨日、稽古のときに、（聖書に）群衆が女を打っている有名な話がありますが、その稽古をやったんですよ。そしたら、なぜ、そういうふうになったのか。例えば心の中でそうやっている思いで稽古してるんですよ。どうしてもっと身体がズーッとできないのか。石を投げられたら大変でしょ、投げられる女だって好きで投げられてるわけじゃない。するとイエスが出て来たときにフッと、もう語らなくてもいいというような思いになってさ、いても立ってもいられなくなってしまった。「こういうふうになるはずだ」、「こうならなくても何らかの反応があるはずだ」、「それは心の中でやってるって思いだけじゃ駄目だ」と思うわけですよ。身体がこうならなきゃ。イエスが出てきて娼婦の傍に立つと、いたたまれなくなって、地球の涯までズーッといって隠れてしまうような、広さを通り越したなかで色々行為が生まれてくるように思えるんです。すると罪のないものが石で打たれるんでしょ、これがビンとこたえてね、それだけのことなんだけど、もうやはりそれはイエスの力だね。だけどもこういうなかで行われたっていう、こういうような状態、はじからはじまで突くような、同じような気持ち、それ以上の気持ちで舞台のすみからすみまで動かなくてもいいから、これに比肩するだけの持ってき方がずっとないといけない。そうすると動くということもただやればいいだけじゃない。

吉増 ああ、とても面白いですね。大野さんの宇宙のはじの限界へにじり出てゆくようなそうしたこと、自分の肉と皮膚と宇宙の生成の皮膜みたいなところですね。そこに身を寄せて行って、壁や皮を超えるんでしょうね。

大野 宇宙の広さのなかで肉体は宇宙の反映なのか、それだけの広いなかでズーッとやってゆくとできるね。それは同時に人間が考えてない何かの手がかりがあるんですよね、考えていない空間がある。

するると、井上ひさしとフランスの作家の対談があって、「あなたの作品はこの世にない世界について、あなたがその中にいて書いたのではないですか」という話が出たんですよ。いつも自分の知ってて、こうなればこうなるが、というところでばかりでやってたのが、それ以来、そういう全然知らないものが、そこにサッとあると思った。そういうことがあるとすると、やっぱり心の中にだって知らない世界、空間があって、それを埋めなきゃならないときの苦しみがあって。そういうような知らない世界っていうか、マリアのやりとりだって知らない一つの世界の中に、何もかもみんな詳細に見える一つの世界で、その中でイエスに出てくる。これだけの中にすべて世界があるわけですよ。それは知らない世界なのかもわからない。

吉増　大野さん、最初におっしゃった死海では子どもがついて来ますよね、その子どもが無意識に遊ぶときというのは、ちょっと誘導尋問みたいですけども、いまおっしゃった自分の中の知らないものが動いてるときと似ているということもありますでしょうね。

大野　考えられない一つの世界の中で生命がこうなって、次に間違いを犯すわけだけども、考えられない世界であるはずですよ。

吉増　いままた、大野さんは左側の椅子の肘にこうしがみついてられますけど、これもやっぱり子どもがお医者さんがいやで逃げるときの（笑）、世界のはじで壁のむこうへ行くようなしぐさですね。

また話は全然違いますけれど、舞踏の大野さんの前でこんな体験をお話しするのはちょっとはずかしいんですが、これはしきりに詩にしながらその奥底をさらに追っているんだと思います。武蔵野の五の神というところに、「舞々虫《まいまいず》」と呼ばれる堀り穴の井戸がありまして、大きな鉄の独楽《こま》のかたちに穴を掘って、そこに螺旋のミチをつけて中心に井戸が掘ってあるんです。たぶん女性方がそこで水を汲んで、きっと壺や瓶を頭にのせて外へとまた登って出てくるという井戸なんですが、「舞々虫」蝸牛井戸、はは あ、これも茫然とゆっくりですね。そこへ下っていって舞うように歩いて行きますと、だんだんだんだん暗くなってゆくんです。ちょっと恥かしいけれど（注：立ち上って）、だんだんだんだんこんなふうに身体がかたむいていって、下降していって中心で止まります。そうして水を汲んで、今度は身体は逆回りにかたむいて出てのぼっていくんですね。それを何度も何度も繰り返し、そこへ行って文字を書いて、まず詩篇を書いて、それからその言葉を旋舞するようにして下り始めていたんですね。半回転、三分の二回転くらいできてきて、詩の地面を下り始めたという実感がありましたね。嬉しかったですが、ははーっと思ったんです。

これはわれわれがもう忘れてしまった身体の振り、かたむき舞い、振り返り方、こういうものがそういうところへ行って言葉を紡ぎ出して、もう一度読むことによってもういちど出てきたと。きっとそうです。もう未知になってしまった、身体の振りなんですね。

それで中世歌謡のたとえば「舞へ舞へ蝸牛《かたつむり》、舞はぬものならば馬の子《むらこ》や牛の子《うし》に蹴ゑさせてん、踏《ふ》み破《わ》らせてん、真《まこと》に愛《うつく》しく舞うたらば……」こんな歌声や子どもの声ですよね。それがもういちど生々と歓声も笑い声も一緒に聞えてきたんですね。死の影の谷に下っていくうちに（笑）。

まあ、最後のところの井戸は最小の湖水ですよね。そこへ廻る、ずれて操り返して入っていくわけですね。ルフランからワルツも少しづつね。ここで言葉と舞いが発生するんです。本当に大野さんがいまおっしゃった根本的な生命の壁を、ぼくの場合はもっと身近なもっと日常的な場からですけれども、そこから触ろうとしていますね。身体のイトか縫い目がこうほぐれるようにして、舞々虫の外や中から聞こえてきましたね。いまそんなふうに、何とか頭脳も器官も、解きほぐそうとしているんだと思います。そういうわたくしたちの現在ってのがあると思いますね。

記憶・場処

吉増　話をまったく変えて、アルヘンチーナという大野一雄先生にとっての大変な存在である舞姫の話に移動しますけれども、最初に出会われたのが一九二九（昭和四）年ですね。帝国劇場で。しかもそのときは相当階上の席でごらんになっていたけど、それは決して遠くなくて、真近にごらんになったように聞いてるんですが、それはアルヘンチーナ自身の存在力の大きさみたいなものもあったんでしょうね。それから今度の『死海』の中では彼女は、アルヘンチーナは、立っていたりして、踊っていたりしたんでしょうか。

大野　やっぱり最初にやるって決心したのは一枚のパンフレットの写真を見て、「大野さん踊りましょうよ。わたしも踊るから一緒に踊りましょう」こういう言葉があったんですね。「それなら俺でもできるんじゃないか、ありがとう」というような気持ちだったんですね。それはある意味で、アルヘンチーナがいつもわたしの中に生きているっていうことなんですけども、いつも一緒だ、五十年あったためてきた。すると死んで下降するというかね、ある意味で彼女は死んでるし、わたしは生きてるし、死と生の境を越えたあたりでいつも出会っている。そして何となく公演してるときに、手をスーッと上げたというふうにはならないけど、そのときに立ってるわけですよ。アルヘンチーナがこうしてね。すると手を出すとぶつかるんですよ。それでストップしちゃうんですよ、興奮して。そういうような教え方を、絵画みたいななかで、常に幻のように、ちょっとオーバーだけどね。ああいうふうにこうしてああしてというようなことは絶対ないですよ。だけども、こうしようとすると、もうアルヘンチーナがそこにいたから手が止ってしまう、というようなところですね。

吉増　いいお話をうかがって、すぐそこへ少し飛躍ぎみに軸を飛ばしますけれど、つい先立ってこれは大変な想像力の詩人でしたけど、黒田喜夫《きお》さんという方が亡くなられまして、黒田さんの追悼集会が、実にささやかなものでしたけど、大久保の俳句文学館でありました。わたくしは生前お目にかかったことがありませんでしたが、その追悼会で黒田さんの声を聞き映画を見ていましたら、大野さんの『ラ・アルヘンチーナ頌』のポスターが黒田さんの背後に飾られてるんですね。それを見て、「あれっ」とわたくしもびっくりしたんですが、一九七九年から八〇年に一年間、厳しい寒さのアメリカ中西部でノイローゼになっていましたときに、大学にいたとき、その研究室にぼくも大野さんのアルヘンチーナを飾っておりましたよ。それで出会うっていう、別に何も神秘めかしく言うんじゃなくて、なんでしょうか、アルヘンチーナが、アルヘンチーナの舞いが道行きしているようなところがあるんですね。本当にこう、目に浮びますよ、手が、ふっと浮いて上っている像が……。黒田喜夫さんもとても痩せられてたですが、その背後に大野さんとアルヘンチーナでしたね。

大野　そうでしたか。スイスへ行ったときに劇場の持ち主をたよりにして行ったら、自分の劇場でやればいいのに、アルヘンチーナが踊った劇場をわたしのために用意してくれてたんです。本当にありがたかったんです。それでそこへ行ったときは、この劇場で、この床で踊るとなるとね、何となく気持ちが高まってきてね、それで化粧して舞台になると本当に興奮しました。アルヘンチーナがこうして在るっていう実感が、相当やっぱりあったんです。そして踊りは思い上ってやることもある。ダメだーっと思ってやることもあるし、色々あるけれども、やはりいつもアルヘンチーナとともにあるというなかでやらなくちゃならないな、と注意しているわけですよ。

吉増　「死者の感性、生者の行進」という大野さんのおっしゃったことに戻りますが、例のお話のお葬式のこと。棺の中から足を出して亡くなった方が、喜んでその方も棺をかついで歩いて行ったという、これも行進なんですね。その光景がもう一度蘇ってきて、ここまでお話しして、いまはよく見えて聞えてわかるように思いますね。

大野　ええ、わたしの知っている、踊りにいつも来る人がいて、これを見たときに、本当にそう答えたんですよ。死者の感性、それから生者の行進、これは離しがたくある。だからちゃんとこっちとこっちというように書いてあるわけですよ。それは逆でもいいようだけども、わたしは死者の感性です。この爪だけの死者の感性かもわからないし、この死者の感性というか魂というか、こういうものと肉体が不即不離につながっているな、なんてことをなんかの本の中でアルトーが考えてます。魂と肉体ってのはつながっている、分離するのを否定する立場なんだということを書いてますよね。これは、爪そのものは、こういうものが死者の感性と生者の肉体と完全につながっているということで、しかしわたしには、死者の感情の影がそこにあるような感じがしてね。それで見に行ったんですよ。「よかったなあ」と思って。これはやっぱり生者の行進のような、片っぽだけで成立するんではない。コンビネーションとなって成立するんじゃないだろうかと思ったんですよね。

吉増　必要があって、ついこのあいだ、天草四郎の島原の乱の原城《はらじょう》を一人でしばらく茫然と歩きまわってきましてね。そこで老幼男女たくさんの方々が亡くなられたわけですが、原城跡はそのままの状態に近いくらいで残ってたんですね。みなさんの意識や記憶がそうされるんですから、原状というんでしょうか原風景が残してあるんですね。緑の草が風にそよいでましてね、空壕《からぼり》とか蓮池《はすいけ》と名づけられたところで、ずいぶんたくさんの方が、とくに女の方がそこで亡くなったんですが、夕暮ってそこでなんかとてもよい気分になりましてね、しばらく立ちつくしてますと、本当にわれわれの探知できないような小さい魂がというか、大きさ小ささではかりきれないものがいっぱいそよいでいるんですね。喜んでふるえているんですね。別に神秘めかしていうんでは本当になくて、そんな経験を最近、しました。

そんな感応がようやっと大野さんのいまのようなお話に引き出されながら、出てきているような気がしますね。それが夢の中に入って来るし、夢の中で、もう少しそれが壁を柔らかく通り抜けて、さきほどおっしゃったアントナン・アルトーとは別の形で体が動き出すといいです。それからもう少しわたくしは個人的な興味でお聞きしたいんですけれども、イエスの歩行のときの様子をもうちょっと教えていただきたいんです。天気はどういうふうでしたか?

大野　天気は雨、小雨ですよ。

吉増　あのへんは雨は割合珍しいんじゃないですか。

大野　ええ、珍しいんですけどね。小雨がね、ちょっと坂が登りですから。その上にズーッと教会がある。

吉増　割合なだらかな感じの登りですか？

大野　いえ、急な坂です。

吉増　お宅へうかがうくらいな。

大野　いやいやこのくらいの坂道です。そして上はまだあるんですよ。上の方には教会とか色々な、確か天草四郎を描いた絵がね、大きなやつが飾ってあった。

吉増　ちょっと外れ気味にお尋ねしますけども、ぼくらでも坂道を登るときには、かなり自分の肉体というものを意識しますね。自分の中でもう一人の自分が登っているような。

大野　そこはね、ちょっと目を転ずると、ズーッとこう低くなって来るんです。

吉増　まわりの景色の視界がね。

大野　山をちょっと登ってゆくと、また視界が展開する。そこで今度は車でズーッとあちこち見て歩いたんですよ。そしたらね、（聖書で）無花果《いちじく》の木に登ってザアカイが見たっていう街エリコ（ジェリコ）は、死海のすぐ北側にあるんですよ。そこは死海に近いところですよね、死海の北側で。ヨルダン川がガリレア湖からずーっと流れててその死海の北側ですからね。水が湧いてきてるんですよ。それが方々に分岐してるんです。それであっちからこっちから観光客が、そこへ来ると水があるでしょ、なんとなく緑のオアシスの感じで、それで黄色い果物がたくさんあって、そっちの方にお客さんが一杯おったんですよ。わたしはそこへおりて、観光客の集まる（ゴミで汚れている）休憩場所に行って休もうと思って、しゃがむ気になっていたら、手を差し上げてわたしたちを呼んでいる、アラブの人ですよ。何となく寂しいような感じなんですね。だからこう呼んでるから、こっちの方にはお客様がいっぱい来てるから、だから行かなくっちゃならないだろうって思ってそっちへ行ったんですよ。その人、自分のやったことを見てもらいたかったんですよね。パイプがあって湧き水を出しているでしょ、むこうはたくさん来てるけれど、そこにはあんまり人がいなかった。そのときに、酒税人であまり人からよく思われないザアカイのことを思い起こした。それで、その人のところへ行ったんです。そしたら喜んでくれて、水をこういうふうにわけ合ったとかね、それから水を持って撒いたりさ。太いパイプの上に腰をかけて、そして話をなんとなくしたんですよね、わたしの息子、嫁さん、孫と四、五人で語ったんですよ。

それはね、なんとなくだけども、色彩が非常にきれいだった。外のところは色彩がないんです。色彩がきれいで水があってさ、そして寂しい背の高い椅子があってね。そういう中でしょ、それはナザレを済ましてからそっちへ行ったのかもわからない、どうしたのかわからない、それを割合に低い街のところをずーっと降りてくる、手前の山のところをずーっと通ったんですよ。そしたら小さい花が、時期的にもうほとんど死海のほとりには花は咲いていないんだけども、そこだけはね、小さい花がね、デイジーのような、アネモネのような花がね、咲いている。そういうところを通りながら、写真なんかを撮ったんですよ。そしたらね、ずーっと下のほうにバナナの畑があった。子どもの声が聞えてくるんですよ、子どもの姿は見えないけど、子どもの声が聞こえてくる。相当距離があるんだけれどもね、すぐ近くで聞こえているような気がした。ナザレでは聞くことができなかった子どもの声だった。わたしは、その声が聞こえてきたってことにね、ナザレで体験したイエスの足どりを重ね合わせ、子どもたちの遊び声に聞き耳をたてる。そのときに声が聞こえてきたのが、何となくイエスの声であるような。子どもの声ですよ、その声をわたしは聞かしてもらったという実感がある。アラブの人と話をしたときは、ザアカイとうちとけて話し合うことができた思いでした。幸せなことでした。緑の色がきれいでね、そういう感じがした。

吉増 その「子どもの声」はしばらく忘れられそうもない、……そうした姿をした声、……と言ってもよいのでしょうね。大野さんは地球の姿をこうして舞ってくださって、「子どもの声」で景色も見えましたね。もうずっとずっと昔、話したような気がしますけど、あの北海道の消えた桟橋や子どものときの釣り舟が浮んできますね。記憶っていうのも変なものですねえ、ガリレア湖なんていう湖があったんですね、忘れてましたけど（笑）。

大野 そのときのことだけど、道から少しさがったところにレストランがあって、そこへ入っていったんですよ、そしたらね、レストランの少し下側にまた部屋があったんです。その部屋の窓からは水面が見えないから、見えるところは水だけが映っているので、何となく水中レストランのような感じでした。そこへ出てきたのがこのくらいの鯛のような、塩焼きのお魚。オリーブをかけて食べる。イエスの時代から生き続けている魚を人間が食べるんですからね、非常に食べにくかったんです。この土地では金でつくった魚が信仰のシンボルになっています。

吉増 これは大野さん、釣りの話と等身大の魚から、お魚まで宇宙をずっと一回転しましたね（笑）。

大野 それで本当に、食べていいのかな、って気がして。千年前にもここにいただろうと感じられてね。それでね、風が吹いてきて波立ったんですよ。ちょっと時間がたってほっと見たらね、平らになっているんですよ。これが非常にその激しいところだったんです。それで水中レストランでしょ。というところでこの世のものではないような体験をしましたよ。

吉増　大野さんは子どものころからそういうある種の夢幻的な、幻視を感ずると言うんですか、ご自分でもそういう性質を持っていると感じられますか？

大野　それは母親の影響です。わたしが夜寝るときにはラフカディオ・ハーンの怪談のお話をいつも聞いたのです。わたしが明治三十九（一九〇六）年生れでしょ、三歳か四歳だからまだ明治ですよ。その明治時代にお母さんがラフカディオ・ハーンの怪物の話をしてくれた。履物はいて廊下を歩いていく音、チンチロリン、ガッポガポ、チンチロリン、ガッポガポとそれだけしかわたしは憶えていないんですよ。するとお手洗いにつながるでしょ。そのことを何年か前に書いたわけです。そうしたらどうしても涙がこぼれる。そのときのお母さんの話が恐かった。恐かったので母親の胸にしっかりとしがみついていた。話の内容は憶えていない。話の内容よりも、恐らくお母さんが話をする姿勢がね、こわかったのだろう。チンチロリン、ガッポガポ。恐かったけれども楽しかった。いまでもそのときのことを想い、胸があつくなる。普通ならば早く寝かせるために話をするわけでしょ。いくら話しても寝なければ、あんた寝なさいってことになってしまうのに、母親は夢中になってわたしに話した。わたしは生活を大事にするってことがそのなかにあるように思っているんですよ。

吉増　いまのお話の、お母さんの抑揚とお母さんの姿勢と夢中になってってっていうのは……。そうですね、明治は四十五年ですから、明治の尻尾のところの夢なんですよね。

大野　それでね、お料理なんかもフランス料理のコキーユ（ホタテのグラタン）をつくってくれた。ホワイトソースにじゃがいものすり潰したものをまぜた味で、バター、牛乳で溶いてね。それをこういうパンケーキにいろんなもの、例えば鶏だとか貝を混ぜて、天火で焼くんですよ。それが本当に最上のものと、いまでもそう思ってるんですよ。それから以降、あんなうまいものを食べたことがない。

でも、一回だけね、あるんですよ。一回だけ東横のホテルでポテトコロッケを食べたことがある。ポテトのコロッケ。バターの味が非常に利いておって、「あっ、こりゃおいしいな」と思った。東京へ来てわたしももう八十歳になるけど、西洋料理でおいしいなと思ったのは、母親のポテトと、そこで残ったポテトのコロッケを食べたことね。

そのほかにはお琴。お琴は『六段』より聞いたことがない。いつ行っても六段六段六段。何かあるとね。恐らく名人的な要素があったんじゃないかと思う。大演習があってね、母が将校宿舎に招かれる。すると弾き始めるんですね。そうすると絶讃されるわけですよ。そういうことがあったんだね。

また、わがままだったからよく叱られましたよ。それで物置きに閉じ込められて、すると女中が、「奥さん、許してあげてください」って泣いて言ってくれましたよ。それほどわがままの限りを尽くしました。だからお母さんが毛虫になって出てきたんですね。わたしはいままで、わがままの限りを尽くし、お母さんを死ぬまで苦しめた。だから這う虫になってしまったんです（笑）。それにもかかわらず夢の中に出てきて、私はどこまでいっても手の中から落っこちない毛虫を見たとき、すぐにわかった。「お母さーん」と絶叫したですよ。目玉がちいさいけどね、ランランとしてね、それで毛虫も興奮しているでしょ、割合に早いですよ、毛もぴーんと立ってね、不思議なもので、この手はだれの手なのか。自分の手なのか、仏さんの手なのか。ちょっとわからないですね。

吉増　そこに道がついてるわけですね、不思議な道が。いや、でも本当、その死者の感性、生者の行進、それからその毛虫の蛇行っていうと変かな（笑）。うねり、極微で極太のうねり。それからそのこと、恐らくさっきおっしゃった、われわれのところからは見えない「子どもの声」が聞こえて来たってこと。それといま、大野さんが見てらっしゃるヴィジョンってものは、結びついていますね。それはそういう大きな拡がりのある、果てしない向うまで行けそうな景色を、今日はうかがったような気がしますね。

始まり始まりとお尋ねしていきながら、結局はそれと同質の終りに来るかと思ってたんですが、意外な豊かな緑のうねりと地平というか、宇宙というんですか、それが旋回するようにして今日は見えたのだと思います。ありがとうございました。

（一九八五年四月三日、於上星川・大野一雄氏宅）

踊る／身体の声／大野一雄さんと話す日

北海道・札幌のギャラリーTemporary Space、中森敏夫らによって大野一雄の北海道・石狩公演が企画され、一九九一年二月二十八日、器のギャラリーで吉増剛造と大野一雄の対談が、樋口良澄司会で行われた。

逆説的な希望

樋口良澄　ご紹介するまでもないと思いますが、世界を舞台に常に新たな創造の空間を求めて踊り続けておられる、大野一雄さん（拍手）。同じく世界の先端を疾走し続ける詩人の吉増剛造さん（拍手）です。始めに簡単にこれまでの経過をお話ししますと、この『アフンルパㇽへ』という写真展は、東京の広尾のヴェリタというギャラリーで去年のちょうどいまごろ開かれました。単なる写真の展示という形にとどまらず、物を見る、何かに触れるという体験を、まったく新しい形で見せてくれるイベントとして話題になったんですけれども、その会場でも大野さんと吉増さんの対談は行われました。

大野さんと吉増さんは長い間、身体と言葉と、それを超えたものを求める対話を続けていまして、私が編集しておりました『現代詩手帖』という雑誌にも掲載したことがありますが、これが三回目の対話になるわけです。いま、中森さんの方からお話がありましたけれども、今日もそういった身体言語、触れる、視るということについてお二人に本質的な話をいただければと思っています。

まず吉増さんにおうかがいしたいのは、吉増さんの写真というのは写真の姿をとっているけれども、単なる写真におさまらない非常に微妙なものが写っているような気がするんですね。木や風景や人が映っているのだけれども、単に我々が日常見ている視線と違う何かを写している。あるいは詩人である吉増さんの眼差しがそれに触れようとして、レンズを通して覗いているような気がするんです。写真の既成の概念にとどまらない何か。ここに来ていらっしゃるみなさんの日常といったことも含めて、そういった日常から本当に何を感じ、何を見ていったらいいのかということを含めて、お話しいただければと思います。

吉増剛造　いま、大野先生との対話の持続についての説明のあったときに思い出していたんですが、前の対談のタイトルはわたくしと樋口さんで一緒に決めたんですね。ちょうど大野先生の舞台が『死海』、それにつづけたタイトルでした。「『死海』の水」という……。大野先生がガリラヤ湖のほとりにおいでになったときに歩かれた、非常に不思議な歩行の体験について話してくださったんですね。それからもう四、五年ほど経ちますか。わたくしは今年の八月にシリアの砂漠に行ってきました。初めて触れるアラブ世界でした。ちょうどイラクのクウェート侵攻の直前です。シリアの砂漠のベドウィンのテントの側に坐って、こう腰をかがめますと、砂漠が大きく波打っているのが見える。「ああ、これは大海」だと感じました。そして金髪のベドウィンの少女が必死になって握っている瘤だらけのテントの支柱の、その握っている姿は何ともいえず、その生命感というのは自分にはないものだと思って感激して見ている。そういう感性の中に、すでに大野さんと対話を歩行してきた跡が、……あの「白い花」と「子どもの声」を歩き出しているということが確実にあるのだと思っていました。そういうことが持続しています。

昨日の夜、大野先生がおいでになって、大野さんの中で新しく発酵して発生しているお考えを聞かせていただきました。そのときに、月のかさということ、かさというのはお日様の「日」の下に軍隊の「軍」

を書く「暈《かさ》」ですね、光の環、光や月のオーラのことをずいぶんおっしゃってて、そういう「暈」を持って行きつ戻りつしながら行くんだというようなことを言われたのです。ご一緒してお酒を戴いて寝ましたら、そしたら「暈」が、プラスチックの巨大なボールのようになって、ぼくの夢の中に出てきました。思わず、その「暈」の幻の言葉に引かれて、夢見心地に、——ぼくいま、北大のクラーク会館に泊ってますけど、窓を開けまして、窓から風を入れて、その光の「暈」の不思議な巨大なボールの風を身体に受けるようにして、しばらく、また眠っていました。

そのときに考えていたのは、わたくしたちは、わたくしもそうだと思うのですが、虚の時間、たったいま見えないような宇宙の中の虚の時間、あるいは光と影の間の何かを目指して、それが狂気になったり、激しい表現になったり、愛の姿を持ってくるかもしれませんけれども、そういう虚の時間、あるいは光の〝暈〟に引っ張られていくもんだということを感じつつ考えていました。またそういう意味で、いま樋口さんがぼくの写真を見て言いましたけれども、見えないものを見る、盲目のような状態で、そういうものを求めている。しかもそれを今日の大野先生の踊り、映像もそうですけど、非常にやわらかい優しいものが体内を波打っていくように、それを求めようとする。そうした身体と、身体の状態と心の状態、それからいま話している言葉の状態が、少しずつ、こもらずに、いまもだいたい八五％ほど言えたと思いますが、そういうことをしようとしていて、さらに「これは未来に向かって大きな凹凸の宇宙が出てくるんではないか」と。ぼくのこういう写真も、そういう旅なのだと思います。

樋口　いきなり本質的な話になりましたけれども。大野さんの言葉に「想いは現実、現実は想い。想いのない現実というのは何ものでもない」というものがあるんです。想いというのは幻想、イリュージョン、イメージ、想像力というようなことだと思うんですが、舞踏ということも、そういった現実よりも強い幻想の旅のような気がするのですが。いまの吉増さんの話を聞いていかがでしょうか。

大野一雄　わたしはしょっちゅう、「想いは現実であるし現実は想いである」と、そういうふうに確信を持って強く主張するわけなんです。もしも我々の世界から想いというものを取り去ってしまったら、後に何が残るか。何も残らないのではないのか。ただ計算の中で生きているにすぎないのではないか。メカニック、テクニック、それだけになってしまって、人間が生きるに値しないようになってしまいやしないかという気持ちがあるんです。それは日常の些細なことから宇宙論的なことにみんな、関わっているのではないのかとわたしは思いますけども。

たとえば考えてわかることと、いくら考えたってわからないことがあってですね、考えてわかることならば、自分の命かけてやらなくても、やって下さる方がいるかもわかんないと。しかしわたしはこの年になってですね、いま八十五歳ですけれども、残り少ない時間を計算するようなものをやっていかなくちゃいられないとなると、本当にどうにもしょうがないだろう、と。だからわたしは死ぬ瞬間まで、できたならば死んでからも、それに続いてそういう世界のなかで生きていきたい。

こんなことを言ったら極端かもしれないけれど、宇宙の塵が集まって、ぶつかって、だんだんと固まっていく。これくらいのもあれば、無限の巨大な世界もある。いま、宇宙物理学者が勉強しているのは、どうもわたしは宇宙の塵のことではないかと思う。宇宙の塵を研究することによって、その信ずる宇宙とは何かの問題が解明される。そのために一所懸命、塵のことを勉強しているんではないか。わたしはね、二十〜三十年前だと思いますけれど、ホテルに泊まりましたときに、坊さんかだれかが書いた「塵遊宇宙」という掛け軸を見たんです。「塵が宇宙に遊ぶ」。ぶつかってぶつかって、ぶつかってこうしているときには、痛いわけですよ。まだ痛みという言葉も成立していないかもしれないけれども、ぶつかってぶつかって、燃えて熱したゴミの固まり。天のかけらとでも言ったらよいのか、熱して割れる内部から水分が蒸発していった。その気体のような水分が我々の住んでいる地球を取り巻いて、中が燃えておった。ところが地球の熱が冷めてしまって、今度は地球を取り巻いている「暈」がですね、地球に戻ってきた。雨となって戻ってきた。中が燃えても外側がだんだん冷えてきた。天の「暈」が雨となって外側から内芯に向かって入れるだけ入り、中をすっかり洗い流して集まってきたのが海だと。だから宇宙のあらゆる要素が海の中に溶け入っている。海から誕生した人間の髪だって血だって、爪だって、みんな海の要素とともにある。天の塵が、天のかけらがぶつかり合って成り立ったこの世界。

天のかけらがぶつかり合って、いま住んでいる世界が成り立つさなかに、わたしがそこに在ったというわけです。わたしそのものがそこに立ち会ったというわけではないが、わたしのお父さんのお父さんのお父さん。その上の天文学的数字をずっと辿っていったところに先人がちゃんと立ち会っていたと。天のかけらが宇宙自体を打った。地球を打った。わたしも打たれたと。お前を打ったのはお前自身だったのかも知れないとさえ思えてくる。天のかけらがぶつかり合って熱を発し、かけらがかぱっと割れて水分が蒸発し、無限の重なりの中、天の「暈」、地球を取り巻く「暈」になり、次には地球の内部に入り込み、雨となって入り込み、地球のすみずみまで洗い流し集まって海となった。人間は海から生まれたわけですから、命は熱を体験し、痛みを伴った命ではなかろうか。別の言葉で言えば、それが愛の始まりではなかろうか。

現在のわたしは自分の中に愛がないから愛を求めるのだと想っています。母親の胎内で命を削って育ててもらった愛。かつて体験した愛を生涯にわたって探し求めることになる。冥界の道行き、地獄の道行き、地獄と天界の狭間での道行き。死んでからも続く愛、痛みを伴う愛は限界のないことを母の胎内でのつながりの中で知らされています。行き詰まりがない。限界がない。

樋口　このマイクにも世界そのものが詰まっている、壁にも世界の記憶が詰まっている、というようなお話ですね。吉増さん、例えば写真を撮るとか、詩を書くという行為は、体験として考えるとどういうことなんでしょうか。

吉増　大野先生がこんなに近くにいらっしゃるって、信じられないような感じで、たったいま、大野さんがこのスペースの板を踏んでいらっしゃる音が、普通だったら音楽という言い方をするんでしょうけれど、踏んでおられる振動が伝わってきてました。

いまの大野さんの話の中に色々なものが詰まっているけれども、たとえばぼくが解釈するに、本当に、この世には無限の大小の膨らみの運動があって、それが下降し、上昇し、細かくなりながら、さらに限りなく歩いていくんでしょうね。四、五年前まで大野先生は、生者の行進、死者の感声／換声とおっしゃって、その生者と死者が継ぎ目なく歩いてゆく感じでした。舞台を拝見して実に新鮮な感じがしたんです。久しぶりにお会いした先生の言葉の中に、フランスの新聞が紹介した言葉なんですが、こういうことをおっしゃっているんです。「この新作を見て、わたしが完全に気が違っていたと言ってもらえればいいと思っています。できるかぎり下降していきたい。わたしは骨を齧ってどこかに隠す犬なのです。月の光、裏切り、狂気……」。こういう言葉が載っている。もちろん、さっきの愛の美しいボールも出てくるけれども、その光も「裏切り」を指しているんですよね。逆説的に希望を感じるような。それは何の希望なのか。古代のギリシアのエンペドクレスの考えた愛と憎しみと、その光なのかもしれない。そうした非常にデコボコ、バウンドの大きいところへの先生の舞踏の考えを、体現してらっしゃるから、最初お聞きしたときは、とてもついていけなかったんです。

しかし先生の舞踏する肉体のそばにいて、先生の発する振動を聞きながら添っていると、ちょっと真似しながら――とてもできやしませんけどね――やわらかい馴る子犬を抱くようにして、自分がそうやっていったら、近づくことができるんですね。シリアの砂漠を歩いていて、気がつかないうちに「白い花」に近づいていたり、「子どもの声」を聞いたりね、……。そうした命の道に似たものを本当に教えていただきました。そう思うんですよね。

それでまた写真に戻らなければいけないんだけども（笑）。そうした、たとえば馴る犬が考えているような視覚とか、そういう忘れられた親愛感とか小ささ、というものをしきりに自分の中に求めようとしていました。

ふんわりと柔軟なもの

樋口　大野先生の言葉で、舞踏とは命を大切にすることだとか、命に触れることだというのがありましたが、それはいまの吉増さんのお話につながってくるんじゃないでしょうか。

大野　わたしはね、息子（大野慶人）にしょっちゅう言われるんですよ。「命を大切にすると言っているけれど、人に通じるのか」と。しょっちゅう言われるけれど、「そんなこと言ったって、あんたわからないよ」と。じゃあ踊りを隅々までわかってやっているかと言うと、わからない。やっていることをすべてわかってやっているか、というとわからないことだらけなんで、とにかく馬鹿になってもいいから、気がふれてもいいから、何とかして知りたいんだという気持ちがある。例えば、人生が何かと言われれば、やっぱりわからないですよ。踊りがすぐわかるものかと言えば、人生がわからないと同じく、踊りだって一言ではとても言えない。

しかしながらわたしの気持ち、願いとしてね、命を大切にするってことをいつから考えたかとなるとね、これも気の遠くなるような話なんだけども、精子と卵子が愛し合って、精子が、おたまじゃくしですよ。こう昇っていくでしょ。まあテレビで拡大されたものを見るわけだけれども、気が変じゃないかと、ね（笑）。気違い沙汰だと思うんですよ。何万、何億とあるでしょ。そのうちのたった一つですよ、卵子と結びつくのは。それなのに速く行かないと駄目だと、こうして必死になって昇って行く。そして一つが横っちょに行くと、みんなそれについて行くんですよ。それでそのまま終わりですよ。（爆笑）

そういうようなかで、たった一つが卵子と結び付いたときにね、卵子がくるくるっと回転するんです。四、五年前に初めてわたし見たんです。始めね、新たな星の誕生かと思った（笑）。そのころ、宇宙星雲などと言って、その中に電子だか陽子だかわからないけれども、電磁波ですね。そういう中心があって、それが太陽のような中心になる星だということが、あっちこっちの新聞に載っていたんです。それをいまテレビでやっていると思ったんです。新しい星の誕生というのは、不要なものは全部払いのけて、必要なものだけが生命として成立するんだということをね。人間の生命が誕生する瞬間、精子と卵子がたった一つと一つ、一対一で結び付いたとき、くるくるくるーっと回る。それを見たとき、なぜか知らないけど、涙が……胸が詰まるようだった。たった一つが成立するために、億単位の精子が不要になってしまう、淘汰されてしまう、ということを聞いたら、やり切れない気持ちになる。こういう体験が、億単位の命が淘汰されるのが我々の日常だったら、そんな世界なら、わたしは人間として生まれなくてもよかったというふうになってしまうだろう。たくさんの精子がこのために命を捨ててしまった、生命になり得ることを放棄してしまったと。

いや捨ててしまったのではない。生命になり得ることを放棄してしまったのではない。成立した命を大切にするというなんらかのエネルギーとしての働きの中で顕現したのではなかろうか。わたしは命を大切にするということに想いをはせたとき、そうだ、感情として成立したのだと思った。父親の役割、母親の役割。父親は母親の役割を母親は父親の役割を、男は女の役割を女は男の役割を。考え及ばないようななかで、天の摂理が働いているんだ。涙を流す感情から物に至る幅を持つ感情。命を大切にするいうことと、命そのものとは同じなんだ。命の成立、一つの精子と一つの卵子が結びついたとき、成立した生命はまるで地球の回転のようなものすごいエネルギー（考えられないほど）で、生命は回転する。小さな小さな命であるのに、大小を越えたように回転する。生命成立とともに生命の自立ということを、深まりのなかで感じたのです。このようなこと。一つの精子は生命となり、多くの精子がこの一つの生命を大切に保持成長するために力を尽くす。

どれほどの体験を積んだからこうなったのか。どれほどの経験を積んだからこうなったのか。量の問題、質の問題としてはかり得ないエネルギー。十もあれば一もある。舞踏もまた、うっかりするとテクニックの中に追いつめられ、出口を失ってしまう。舞踏の原点、それは何なのか。

聖書には「天地創造」、一週間で生き物ができて、人間ができたとか書いてあるけれども、何となく神話的な思いでね、ついていかれないんですよ。でもね、お母さんのおなかの中で何が行われたんだろうかとなると、新たな生命が成立した。子宮の中で広々としておったかというとそうでなく、お母さんの子宮の壁面にバチッとついたことは間違いないと思うんですよ。その証拠にお母さんの胎盤とつながっているわけです。これは実態ですよ。

そうして神経と血管の細胞を突っ込んで、突っ込んだ先に何があったかとなると、ポンプでしょ。お母さんの命を吸うポンプ。それでお母さんからこうもらって、要らないものを返す。これを吸って吸って吸いまくっているうちに、だんだん胎盤が太くなっていく。だんだん大きくなって羊水の中で遊び出すと、初めは魚のような目をしていますよ。写真で見ると魚です。肺で呼吸しないで、鰓《えら》で呼吸している。

それで、生まれる間際になると、鰓が退化して耳の中に入って消滅する。聴覚となんらかの関係があるんだろうか。そういうふうにしてね、五感が発達した。音楽さえもちゃんと聴いて。ダッダッダッと脈拍、これは間違いなくリズムですよ。で、お母さんがね、明日からどうしたらいいんだろうかということを考えながら、世界の経済、世界の政治、あらゆる影響の中で、お母さんが大根を切っているわけですよ。切っているときにはただ切るだけのことかってなると、政治経済、世界のあらゆる、宇宙のその先の宇宙の、どういうふうにできたかってことまで全部関係を持ってね、そしてお母さんが大根を切っている。

そして音楽は、そういうなかで滑ったり転んだりするでしょう。そうすると、あ、お母さん。お母さんどうしたの？ 口では言えないけれど、政治的な問題もあるし、経済的な問題もある。家庭のトラブルもあるし、色々あって滑ったり転んだりする。それはメロディに変わるべきものですよ。そういう体験をね、お母さんの中でやったと。五感もですよ。命を削って毎日食べらしてもらって。我々の生活の中で毎日命を削って食べさせてもらうなんて、これは最高な、毎日大宴会をしてるようなもんですよ（笑）。これは宴でしょ。それから今度は、眠りの中であっても母の体験を通じていろんな体験を次から次へとしていく。これは大事なことで、踊りと関係あるけど。お母さんが体験したことは全部この中に刻み込まれている。「天地創造」において、宇宙が世界が人間が体験したことを、生命成立から誕生までの間の中で、この短い人生の中ですべて体験することになる。こういうことがあるから、「これは駄目ですよ」と結論を下す必要がないように、あったことは全部、体験としてちゃんとここの中に刻み込まれている。雪が降った、春になると花が咲いて散歩にも行くでしょう。胎児は大人がするように散歩もするし、「花が綺麗だな」とか色々なことを母親の体験を通して体験しています。エデンの園のようなもの！そのときに、「これはこうであれはああだ」、「人生こうだからこうしなきゃならないですよ」ということじゃ駄目なようです。結論を下しては駄目。不親切のように見えるかもわかんないけど、「不可能なものは不可能……」でいいのでないでしょうか。結論を下してしまうと自立精神が失われ、植物人間となる。不可能を大切にする。「濁ったものは濁ったもの……」、生きながら子どもに考えさせる。こうしたなかで人間は成長してゆく。

そういうふうにお母さんのおなかの中でのことを考えると、われわれが家庭生活を持ったときに、本なんか読まなくても、お母さんのおなかの中がモデルケースですよ。家を建てるときには、お母さんのおなかのような命を与えて、自分でものを考えさせて、音楽も聴かせれば、五感もつくられるような。家庭生活の根本的な問題は、お母さんのおなかの中にある。これは「天地創造」の技に比するもんだ。そういうなかで衣食住の問題、必死になって生きているこの肉体、魂と肉体が離れがたく一つになって、この肉体というのは魂が羽織っている宇宙だと私は考えるわけです。

吉増　先生が触れた「不可能のまま……」と「濁り……」は『螺旋歌』（一九九〇年）にもあるのですが、インドへ行って、ベンガル語を聞いて、「不可能だが、その、不可能の濁りのままに語りだし語り終えたい気がする。濁りのままに、淀みをそのままに、あるいは口籠もりをそのままに。縁や島石を小舟が接いでいくように、鳥たちが啄んだ木の実を嘴から落とさぬように、そんなふうに言葉を綴り文脈を追っていることに時折夢の中で――恥ずかしい――と呟いている。そうして夢中のその粒々をなんとか新しい口籠もりにしたいと考えて、小文を書きはじめていた。きっと不可能なのだろうが、その不可能を不可能の濁りのままにするのは、しかし。しかし、静かに不可能がふとその濁りを忘れることも、それがあるのだと思う。わたしはいま旋回する生と死の夢を語ろうとしている」と、書いたことともつながって来ています。

われわれの日本語の制約、漢字の制約、英語の制約、言語的な制約、あるいはそういうことから離れて、特に漢字の制約から離れたときに、何か不思議な、「あれっ、こんな濁りのままで、書けないような状態のままで書けるじゃないか」と思う、息をつないでいきながら、不可能のまま小舟のように生き物のように、というふうに書いていきました。

それにちょっとつないでいきますと、インド、バングラデシュと行きまして、ガンジス河の河口に立ったら、それこそ、幻の大河です。大昔からの。洪水があって当たり前なんですが、洪水のないときでも、キラキラキラキラ輝く埃がすごいんですよね。そういうなかで死んでいく、生きていく、もの凄い生があるんですよ。

それをタゴールという大詩人が謳うわけです。作曲もしますし、絵にも描きますしね。凄まじい大きな宇宙がある。それをぼくらの生命、例えばぼくの生命が初めて触れたんですよ。それはいま、大野さんに触れるようにして大きな経験だったし、それを大野先生に読んでいただいて、またその言葉が伝わっていく。いまの母体の中の、ぼくはどちらかというと逃げちゃうほうかも知れませんけど、その胎内演習にはぼくら追っかけて行けないけども、完全に口籠っちゃって何も言えないって状態が前にあったんです。でももうそうじゃなくて、大野先生の話をこうして聞いていける。あるいは、つないでいける。そういう状態が出てきましたね。

樋口　それは具体的にはどういうものなんですか?

吉増　大野さんのメモの中に、小島信夫さんの、この本は河出書房新社から(『原石鼎――二百二十二年めの風雅』)。原石鼎《せきてい》、石鼎さんという希有の俳人のことについて触れていらっしゃる。ぼくも非常に感心した本なんです。それを大野さんが引いていらっしゃってびっくりしたんですが、ふんわりと柔軟なものが石鼎の作品にはある。何とも言えない変な狂気があるんだけれども、その中に、ふんわりと柔軟なものがあるっておっしゃるんですよね。大野さんの中で動いているのも、さっきの母体内空間もそうですけど、そういうある名づけがたいふんわりとした柔軟なもの。それは天使と言ってもいいしオーラと言ってもいいし、あるいは有機生命と言ってもいい。ふんわりして柔軟なもの、そういう表現にとどめておいて、そしてそれを共有できる。

そしてぼくも影響を受けて、自分の言語の中に、ちょっと体が吃って傾くような形で、あるいは点を強く打ってみたり、鳥がするような嘴の動作を入れてみたり、そうしたことをさらに細かく進化させて、例えば実体のある星もあるように、星でなくなった星もすぐそこにいるかもしれない。虚の空間が一杯あるかもしれない。その不思議な宇宙の虚の枝や筋が一杯あるとしたら、愛と憎しみとか、そういうものにもそれがあるとしたら、それも一緒にわれわれの宇宙の成長と一緒に成長してるんだとしたら、これはおっしゃるように死はなくて、非常に太い生が出てくるというようなこと。そういうことなのですね。

見捨てられているものの暖かさ

樋口　大野さんが〝命〟と言う場合、通常言われる〝命〟というものを成り立たせる世界と宇宙の構造を含めて〝命〟と言っていると考えてもいいわけですね。この写真をずっと見ていると、一つの大きなテーマとして移動ということがあると思うんですけど、いまお話に出たインドとかバングラデシュとかアラブの世界とかという横への移動と違って、縦方向への移動があるように思います。命というか、そういったものに触れる、垂直的な移動が見られるんじゃないかな、と思うんですが。

吉増　そうですね。そういうことだけれども。ぼくはこれを真似できないけれども、あるとても究極的な子どもっぽい望みとして、ほかの星の地上へ行ってみたいという夢があって。写真の謎は、どうもそんなところにありますよね。でもフッと気がつくと、ここもまた星の地上ではないかと。そういう意味では、われわれの思いとか孤独感とか感情みたいなものは、随分大きく広がってきているし、あるいは、影や陰りは大きくあるし、それは決して絶望的なものではなくて、それはつらいけれども、ベドウィンの少女の握っているあの木の瘤の実感も非常に素晴らしいですね。

ですからそういう細かい細かい生命の実感を大事にしていかなくてはならないし、そして大野先生のカタカタカタッてやっていらっしゃる側にいるっていうのはとてもうれしいことです。

樋口　これはちょっと真似できないけど、ラセン（螺旋）カルチャーですか。

吉増　（笑）できない。ラセンカルチャー。汗かいちゃった。

樋口　まあ冗談は置いておいて、いまおっしゃったベドウィンの話なんですが、湾岸戦争は終わったみたいですけど、いま、民族主義というのが非常に大きな問題としていろんな局面に出てきていますね。それは政治経済的に言えば、欧米が主導した近代ということが終わったという意味になるのかもしれない。それは中東だけでなくて、ソ連でも南アフリカでも同じように、あるいはアメリカ内部でもそういった問題が噴出している。それは文化とか芸術の問題に非常に関わっていると思うんですが。吉増さん、この間シリアに行かれて非常に素晴らしい体験をしたとおっしゃっていたんです。

吉増　政治的なことはなるべく言わない、恥ずかしいし、恥ずかしいってことさえも、言ってはいけないことなのかもしれない。言わないようにしているような感受性で捉えてるのだろうと思うのです。砂漠——例えばダマスカスにしばらくいて、朝ご飯に出てくる山羊のチーズと黒いオリーブ。何気なく窓から見るとダマスカスの大きな茶褐色の山が見える。ここからも円山が見えますけどね。そしてコーラン（井筒俊彦訳）を読んでいると、「ダマスカスよ、お前をあの山に、例えば砂漠で杭をちゃんと打ちつけるようにしてダマスカスよ、お前をあの山に、くっつけてやったではないか」という表現があるんですね。実際に、行ってみて、コーランのように、そして本当に味の濃いオリーブを食べ、山羊のチーズを食べ、大野先生の体を五分の一くらい真似して歩いてみる。砂漠のアジュレーション（うねり）に触って、見るとまさしくこれは〝海〟と。国家はいつの間にか動いているのであって、ベドウィンはもしかしたら動いていないのかもしれない。

そういう思考を持って、パルミラの遺跡に行ってミイラを見ると、本当に一メートルちょっと下がると、何か冷んやりとしたところに、安らかに寝ているようにして、みなさん寝ていらっしゃる。飾りの絵にトロイの大戦争の絵が描いてある。そういう絵と音楽と、自分の生命の色と輝きにはないものを体験して、そのとき三分の一くらい日本を忘れていられる。そして、そこでね、大野さんの歩行の「白い花」や「子どもの声」がもうわたくしのなかを生きて歩きはじめているのね。そうした状態が明らかに生じて来ていた、……。自分の中で違う言語で喋っているように。そういう歩き方をして帰ってきて、マスコミニユケーションとかメディアで伝えられる何か放水路みたいな情報を見てると実につらいし、それで世界が進行しているかと思うと、仕方ないけれども。でも見捨てられているものの暖かさが非常に大変な形で残っているしね。そっちのほうに属すると言ったらいけないけども、そっちのほうで生きているのではないか。そういう気持ちでシリア、トルコに行っていました。

樋口　大野さんにとっても、例えば、『死海』という作品があったり、イスラエルとかヨルダンというのは大きな舞踏のテーマになっていますよね。

大野　わたしは、とんでもないことを体験したんですよね。死海を取り巻く山々がヨルダンの方までずーっと続いておるわけです。それで人間がだんだんだんだんだん増えてきたので、ガリラヤ湖からの死海の水が途中でみんな飲用水として取られちまったんです。それでだんだん涸れてくる。死海が死んでいくんじゃないだろうかと。死んだ海が死んでいくって言うのはちょっとおかしいけれども、地中海の方から引いたらどうかって話もね、あるそうなんです。もとは回りの山々ってのは、地中海の海域と同じ高さだったのです。それがシリアやトルコの方から隆起してきたんです。

ということで泥そのものは海の底にあったものですからね。石がゴロッと転がっとった、その石は塩の塊ですよ。岩塩。プールのように、コンクリートの底辺になってその上に水が溜まると。だから日中は日に照らされて、水蒸気が立ち昇る。夜になると冷たい空気が入って来て、水蒸気がぽっと水滴になる。その水滴になったものを獣たちがこう吸うわけです。わたしも山の中に穴を掘って住んでいる獣と同じように、匂いまで一緒についてね。目がまんまるっこくてね。そういうようなことを考えたときに、飲み水はどうなっているんだろうか、なんてこともちゃんと解決しているわけです。雨季に水が溜まる。岩塩の上に水が溜まってるんじゃないかというのはわたしの想像です。でもたぶんそうだろう。そして穴を掘って、食べ物は何か。かつて海底であったときには微生物が沈澱しているんですから、ミミズだって泥食べて生きてる。そしたら獣だって泥食べることを知っているだろうと。栄養があるから。

そういうなかでわたしが山に行ったんですよ、イスラエルのね。そしたら、こんなところには昆虫もいないし花も咲いていない。しかし花は雨季になるとこれくらいのアネモネとか、デイジーとかに似ている花が小さいなりにきれいに咲いている。ところが乾季になると、全部それが吹き流されて、枯れ木のようなものがポツンポツンと生えている。そういう中で穴掘って生きているわけでしょ。まるでお母さんのおなかの中で穴掘ってるみたいに。お母さん。わたしそのときに、母親のおなかん中思い起こしたわけですよ。そしたら親近感がこういうふうに来てさ。わたしと同じようにお母さんのおなかの中で育った命。お母さんのおなかの中でないかもしれないが、穴掘ってこうしている。わたしはそこへ行ったときに、彼らは最大の自由を獲得している。もう山野を駆け巡ってさ。

わたしが行ったときも、はっと何かが動いているなと思ったから、こうして見ると、おるんですよ。このくらいの。しっぽの長いね。フッとこうやっては止まるんですよ。チョロチョロッとこうやって、チョロチョロッと、もう一回こうしたら止まる。あ、立ち上がって多分こっちの方見てるんじゃないだろうか。穴の中は暗いので目はまんまるく、光には弱い。見たって見えないけど何かは感じているんじゃないだろうか。あの物が不足していたという中で、最大の自由を獲得し、何不足なく天の恵みを受けて、わたしがお母さんのおなかの中でしていたと同じようなことをちゃんとしている。そういうことを考えると、これはわれわれの土地だなんてことを言うべきじゃない。あの獣こそ、イタチこそ、あの山はあなた方の山だから世界に宣言したらどうかと。

今度イスラエルに行くときにはこのカバンの中に、脅かさないようにと真っ黒い衣装で礼装して、食べ物をいっぱい持って、もう一回訪ねたい。この獣たちが自由を獲得し、世界を駆け巡っている。この土地はあなた方の土地だからと宣言したらどうだとわたしは思った。（拍手）

生命のオーラと話して踊る

樋口　別の場所というところに行けば、何かを見い出すってことがあるんですけども、われわれは否応なく、「いま・ここ」って場所にいて、そこで何かをし、何かを作らなければいけないわけですね。そのことをどう考えていくのか。大野さんは昔、札幌にもいらっしゃったことがあるんですけども、札幌という場所についてはどういうふうにお考えになっています？ 確か軍隊時代でしたよね？

大野 ええ、わたしはね、昔は徴兵制度ですからね。二十歳から二十一歳、徴兵検査でね、それで甲種合格。札幌の月寒《つきさむ》で一年間生活したわけですよ。あとの四カ月は見習い士官という将校の卵。一年四カ月ずーっと生活した。その向かいにはね、羊の種用牧場がありましたよ。わたしは日曜になると、街へ、喫茶店なんかへ行ってね。いまでも覚えていますよ。ナンバーワンっていう、駅からずーっと行ったとこに喫茶店があった。エルムという店も思い出の中にあります。

樋口 札幌から東京に戻られて、その後でアルヘンチーナとの出会いがあった。

大野 そうそうそう。今日見てもらったアルヘンチーナはですね、一八九〇年に生まれて、一九三六年七月に病気で亡くなったんです。孤独でね、ベッドから落ちて看護する者もなく一人で死んだ。スペインの人ですからね。スペインに帰ろうと思ったら、フランコの臨時政権で、家族の出入りができなくなったというなかでね、あの大芸術家がベッドから落ちて倒れてしまった。

わたしは一九八〇年、パリにいたときにね、『ラ・アルヘンチーナ頌』っていうのをやるわけですよ。パリの大きな劇場でやったときに、家族が、姪御さん甥御さん、その連れ合いの人も一緒に、お友だちも一緒に花を持って、わたしがステージから帰ってくるのを待っててくれた。こうかき抱いてくれた。

その日のちょうど始まる前にお墓にお参りに行ったんですよ。お墓にお参りに行って、舞台で舞踏をやって、そして帰り際にそういうことがあって。翌日家族の家を訪ねました。そしたらね、写真帳をちゃんとフッと出されたんです。一九三六年に亡くなったからその写真っていうのは全部半世紀前の写真ですよ。それをアルバムに張って、もうたくさんの写真をわたしのところへヒョッと出されたんです。

わたしは、そのアルバムはいつ作られたのかと考えたんです。わたしは一九二九（昭和四）年に、アルヘンチーナが日本の帝国劇場でやったときに三階のてっぺんから見たんです。貧乏学生で、うちは貧乏ですからね、見れるはずがないのに、ちゃんとわたしのために切符を買って連れてってくれる人がおったんですね。ごちそうもね、おいしい最高のごちそう。映画の『どん底』が来たときにも連れてってくれてね。わたしを大事にしてくれた人がおったんですよ。わたしはまだ学生でね、卒業間際でした。たった一回だけでも、三階からですからこういう傾斜で、眼鏡もなくてちゃんと見れるだろうかと思ったけれども、帰ってきてフッと思い起こすのは、そんなに遠くで見たというのは全然なくてね。わたしのすぐ側で目の前で踊ってくれて、大野さんこういうふうにやりなさいというくらいの、わたしのために踊ってくれたような大きな姿勢がわたしの心の中に浮かんでくるんですよ。

いまでも不思議だと思うんですよ、わたしは。あのアルバムだってね、三六年に亡くなる前の写真だから、それはいつからわたしのために準備されているのか。一九二九年に見てから、そのときからアルバムが作られていたんじゃないか。それから五十年経ってですよ、一九八〇年にパリにいた。そのときちゃんとアルバムが出された。わたしは世界中を回って、どこへ行っても必ず最後に守護霊に会う。歳とった人が待っていてくれるんです。「わたしはアルヘンチーナを見たんです」そう言ってわたしをかき抱いて涙をこぼすわけです。

だからどれだけアルヘンチーナの踊りというのは、素晴らしかったということはもう身にしみて知ってるわけですよ。わたしも知ってるし、それを見た年寄りの人もみんな知ってる。これはもう最高の、後にも先にもないっていうようなところでね、わたしがアルヘンチーナを讃える踊りをやったら待っていてくれて、というのは至るところでですよ。いまわたしは八十五歳ですからね、みんな八十五以上の人。わたしは二十三歳か二十四のときに見たんですからね。たった一回ですよ。一回だけでもこうして見た。すぐ側で見た、そういうことがね。

中西夏之さんという絵描きがおってね、絵を見に行った。スペインの茶褐色の岩がたくさんありまして、出ようと思ったら一枚の抽象画の前に行って、パッと立ち止まった（『絵の形13h』一九七三年）。「アルヘンチーナだ！」と思ったの。ただ丸を描いている。宇宙の丸。それからここにブランコね、空中に浮いているブランコ。そういうのがあって、そこからしっぽが出ている。ちょっと見ると猫のしっぽで。わたしはそれを見たとき、アルヘンチーナだと思って、アルヘンチーナに再会した思いだった。『ラ・アルヘンチーナ頌』を一九七七年にやる一年前ですよ。

そしてうちへ帰ったらニューヨークからアルヘンチーナのチラシが届いた。隅っこの方にニコッと笑ってるアルヘンチーナの顔があってね、その顔が、「大野さん踊ってください」ってわたしに語りかけてきたんです。そんな大それたことを、後にも先にも、そういう人をわたしに踊れるわけがない。しかし断るってのもちょっと（笑）。アルヘンチーナが「踊ってください」って言うんだから。戸惑いがあったんです。そしたら次に言葉が出てきた。「わたしも踊るから一緒に踊ってください」この言葉を聞いたもんだから、「じゃやりましょう」と（笑）。

ちょうどそれを土方（巽）さんに言ったら、やりなさいと土方さんにも勧められて。一九七七年ですよ。それでその後ずーっとアルヘンチーナをやってるんですよ。色々なことがありますよ。例えば男の人のタンゴなんてあるでしょ。わたしは一日目は、男の人のタンゴは踊りにくいなあと思ってたんです。そうしてヒョッと踊り始めたんです。すると、何か曲が違う。全然違った曲を演奏したんです。わたしなら違った曲でも即興でできるだろう、こう思ったもんだから違った曲を弾いたんです。本当にもうどうにもならない、もう引っ込みがつかなくなりましたよ。のたうちましたよ。そういうものが、心に残っている。

ニューヨークへ行ったときはね、ニューヨークの二十七階の大きなガラス窓があって、朝になると熱気が煙のようになってボーッと昇る。はっと見たら、闘牛ですよ。牛が画面いっぱいになって、「闘牛だ！」と思った。それがいつの間にかすうっとアルヘンチーナになっている。そういう幻を見ていたのです。やっぱりね、心の奥底でつながっている。

樋口　いまのお話をうかがって、……こちらが聞いてても幸福になってくるような気がしますね。何かをつくり続けるとか、詩を書き続けるとかいうようなことは、本質にそういった、ある究極のものとか唯一のものとか、絶対のものを求めることに関わっているのかもしれない。たとえば吉増さんの写真も、実は一枚の究極のイメージ、究極の写真を求めている行為のような気がするんですけども、いかがでしょうか。

吉増　難しいですね。いま、大野さんの話を一所懸命トレースしてたから。大野さんのアルヘンチーナの中に、もちろん大野先生にもあるし、土方巽さんにもある、いくつかの大事な生命が宿って、その生命のオーラと話して、そして踊ることができるというようなものがあるよね。そういう行為、そういう芸術ではないけども、本当にちょっとしたもの、仕草にもならないような……。シャッターを切る、カメラがあるから切れるんだけども、その根底には、その戸惑いの儚い灰色か薄グレーのような時と色を撮ろうとして、でしょうね。ですから時間かもしれないね。いま言いながらわかったけど、何か時間というものの不思議さと裏側と、それから影と。裏側に触る。それが激発すると、例えばごろっと宝石が転がったように色が現れたりする。何か不思議な驚きの表面を、生命を見たいという、それかもしれないね。

大野　わたしは先生の本を見てね、やっぱりここに必死の思いがあるわけですよね。例えば『花鳥風月』という作品に取り組んでいたときに、先ほど触れましたけど、当然のことを当然としてやるということも繰り返しとしていいけども、やっぱりこう「暈《かさ》」、狂う舞、そういう愚かな、極端な愚かさ、もう気がおかしいんじゃないかっていう極端な狂いというものをやろうと思ったってね、いつも常識的に考えちゃってこうなってくる。そのときに、非常に助けになったっていう。不可能を解決してやるなんていうことはいくら言っても駄目だ。不可能は不可能。与えられた天の恵みのようなものだから、濁ったものは濁ったままで、ずうっとこうやるべきだという手掛かりをね、与えてくだすった。

さっきわたしはこうやって出てきたでしょ。これは日本海の砂丘のところでね。雲が伸びて、果てまでずうっと伸びているのですよ。手を伸ばした。こういうことを書いた評論家の人がおるわけですよ。そういうところから、戸惑い、戸惑い。「どうしたらいいんだろうか」というときに、日本海の風がひゅーっと吹いてるわけです。戸惑いの中でこうして吹きつけるわけです。そしてそのうちに何か知らないけど、どこまでもどこまでも伸びていった。こういう場面の映画を息子と撮ったんですけどね。それは果たして狂っているのかどうか、言葉では解決できない問題があると。どうしたらいいのかと頭抱えて、あっちからこっちから先生の本を見てね。それで心に残っているのは、人生の歩みのこと。何かいい面白い踊りがないかと思ってこうしてやってる、それだけじゃ駄目なんです。どっちかと言うと、人生の歩みのほうが大切じゃないだろうかと。ここでこうやってこうやって、あるいは付け足しのようなもの、どっちがどっちとも言えない、これは付け足しでもあるし付け足しでない、そういうような形で踊りをやるべきだ、というそのへんをずいぶん教えられて。最後はどうしたらいいのか、そこだけは依然として、これは死ぬまでわたしの中に残っている。それだけは必死にわたし思っている。論理ではなくて、魂が、命そのものの中で生きたいといつも思っている。

さっきもね、こうしてこういうふうに来たときに、根が生えているのに木が歩いていた。そんなことはないことでしょ。ないことだからやるべきだ（笑）。それはないとかあるとかでなく、人間だってよく言われるでしょう。「あの人は根が生えているようにガチッとドシッと生きている」って。という言葉が常にあるわけですよ。人を見るときにそういうふうに見ますよね。そういうことがあるとすれば、ここからこっちが木で、こっからここまでが人間に変化してなんて言わなくたって、木がどっしり根を下ろして歩いてきた、というようなことをね、教えられてきた。それは木は大きいから、こういうことはやれなかったけども、その代わり大きな木の根っこはグーッとこう短いんです（笑）。だから相当力いりますよ。これを見えるところへ持ってきたんです。大事な部分ですから。この短い根っこと大きな木が歩いて来た。こういうことの関係やバランスはいったいどうなるんだろうかと（笑）。

そんなこと考えたらね、踊りなんかできませんよ（爆笑）。変転自在でね。わたしは幼児になって胎児になった。生まれることに向かってすーっと行った。そしてお母さんですよ。お母さんと私。この関係は全部やったんですよ。ところが先生の本の中にね、舟があったんですよ。小さい舟がね。川。そして遊んでいるんですよ。舟が遊んでる。それを私は読んでね、お母さんというのは子どもを産んで育ててきた。お母さんの命がちゃんとあって、お母さんはお母さんとしてちゃんと、小舟が川で遊んでいるように、ただ遊んでいるだけでない。川から手が出て、海から手が出て、そしてすっかりお母さん。命は海だ。そして海がこう出て、お母さん。海の手と一緒に、お母さん。遊んでいるようなそういう踊りをやってみたいという気持ちがあるんですよ。これは理屈では体験できない問題ですよ。（拍手）

樋口　大野さんのように世界を見つめてきた吉増さんの言葉で思い出すのは、「世界の始まりに佇む」とか、そしてそれを「言い淀む」とかいうことになるんじゃないかと思うんですが、いまの大野さんの話をうかがって、一言お願いします。

吉増　フフッ、ぼくもああいう木になりたい。（笑）

樋口　どうもありがとうございました。（拍手）それでは大野さんに踊ってもらいます。一番最初に踊っていただいたのは『野生の時』という舞踏で、これから『賽の河原』と『赤いお膳』という舞踏を二つ続けて踊っていただきます。それでは大野さんよろしくお願いします。

（一九九一年二月二十八日、於札幌・器のギャラリー中森）

釧路湿原と舞踏と詩

一九九四年、ＮＨＫ・ＢＳのテレビ撮影のために、大野一雄と吉増剛造は釧路湿原にいた。釧路では大野のつるい養生邑病院での公演に始まり、釧路湿原で大野と吉増のコラボレーションが行われ、さらに劇場で大野の公演が行われた。釧路湿原の吉増の詩の朗読と大野の舞踏、そして対話。ここでは、その対話の部分を掲載する。

大きな一家団欒

吉増剛造　大きな一家団欒というんですか、湿原も一家団欒ですね。

大野一雄　そうですね。

吉増　なんかそんな感じしますね。

大野　自然との恵みを十分に受けて、湿原というと何となくね。ずぶずぶ踏み込まれそうな感じがするけども、生命が育つところだからね。

吉増　何度も先生のお宅にうかがって、晩ご飯もごちそうになって、長時間居させていただいていたときの団欒。それもここにつながっていたんだということが、ぼくもようやくわかってきました。それが先生の中でも、とっても膨らんできているんですね。

大野　そうですね。

吉増　でも撮影も大変でしたねえ。

大野　最初の撮影は宮田先生のつるい養生邑病院。その病院で宮田国男先生が亡くなって十年の追悼式をやった。雨が降っておったもんだから、大きな部屋で患者さんが全部集まってね、八十歳、九十歳などみんな集まって、そのなかで思いのたけを限りを尽くして、心の触れることのできるような、暖まるような踊りを踊ったんですよ。亡くなった宮田国男さん（ネオダダで知られる新橋の元・内科眼科画廊主）、弟さん、そのほかみなさんの支えのなかで、限りを尽くして踊ることができた。年寄りの患者さんがじっと動かないで、最小限の表現かもしれないけど、心の中の暖まるような思いで、喜んでもらって、わたし、ほんとうに天にも感謝します。雨が降ったために中庭でやれないので、病院の中のみなさんが集まったところでやれたってのは、かえってほんとうによかった。

吉増　感動するんですね。おっしゃったように、人々のあったかあい、まあるい、空気みたいなものの真ん中に集まって、気がついたら、外で雨降っているのを忘れているのよね。それにしても、あの伝説の「内科画廊」がここに出現するとは、……。

大野　それから後の撮影は、今度は天気がよくて雨が降らないで、順調でしたね。最初は雨で、これはどうにもならないなと思ったところが、完璧に次から次へとこなすことができて、ほんとうにみなさんのおかげだと思ってます。

吉増　今日はね、湿原の蚊も静かにして出ていらっしゃらなくて（爆笑）。ジスイズ（釧路のジャズ喫茶）の小林（東）さんのつくられた、大野さんのデッサンを集めたものもよかったです。大野先生、昔からそうですけど、小さいものでも、ご自分を描かれたデッサンもとても大事に、それこそ一家団欒の中へ入れてらっしゃるのね。ぼくらはついつい扉をつくったり敷居をつくったりなんかしますけど、それが全部こう踊りの中に、というか生命の中にとけ込んできて、その一部に座らせていただくような感じですね。先生は函館のお生まれでいらっしゃいますよね。それで旭川で軍の連隊へ入られて、そして、ここ釧路です。ぼくも北海道に何度も来ていますけど、やっぱり少し先生は特別な思いもございますね。

大野　わたしの父親がサケマスをとる漁業家だったんです。能登から移ってきて、そういう仕事を始めて、三本マストの帆船をつくって人が乗って、ロシアの領土に行って漁業をやっておった。

吉増　なるほど。

大野　でもこのごろ、釧路は外国からの輸入したものが非常に多くて。店に行くと、日本の漁獲した魚の間にラベルを貼ってずっと並んでいるものですから、なんか、それこそ大きな意味の一家団欒のようなね。

吉増　ええ。

大野　第一、釧路湿原がそうですからね。ふつうならば省られないところだけども、あそこは生命が育つ元ですからね。天から水が降り、それが蒸発して天に登っていって、また雨になって降って、そういう往復運動を繰り返している、あの釧路湿原はそういうものですから、ある意味で母親の胎内のような、宇宙の母としての胎内のような、人間が育つ原点のようなものだと、わたしは思っておるのです。ここに来るのはほんとうにね、そういう意味もあります。

吉増　その大きい一つは、三年前に石狩川の河口で踊ったということですね。

大野　そうですねえ。

吉増　そっちに向かって開いているんですね。だから、そういう一家団欒の入口や穴があちこちに、どんどんどんどん加速度的に開いてきて、深まっていくっていうのね。それは、先生の中で意識する部分と、そうじゃなくて、夢の中でつかまえるようなもの、踊られながらつかまえるようなものもあるんですね。

天地創造の踊り

大野 やっぱり最初は、スペインのアルヘンチーナの舞踏を見て、「天地創造」の踊りだというところから始まって、お母さんのおなかは宇宙の反映としてあるんだと。「天地創造」にふさわしい、というところから、今度は死と生の問題ね。それから睡蓮の自然の営みとか、そういうものにだんだんだんだん広がっていきまして。それで今度は原点に還って、明日（九月二十三日）、『ラ・アルヘンチーナ頌』を釧路の劇場でやることになりました。

吉増 そうですよね。それが精子っていうか、卵子っていうか、種っていうか、そういうものなんですね。

大野 そうです。たくさんのね。

吉増 そうそう。

大野 だから、おしめを取り替えて、肌着を着せて、大事に大事におっぱいをやって吸わした。同じように人間も自然の恩恵を受けてね、着物を着てね、おしめをしてもらって、命のために食べ物を食べて育ったわけですからね。

吉増 今回の釧路湿原では、乳母車に何か満載して踊りましたね。

大野 あの乳母車は、引いて行くと、わたしの短い時間にすべてを刻み込みながら、こうした思いが結集されたようなものでね。

吉増 そうすると、時に先生が引っ張られる、あの小さな可愛いらしいお膳のね、イメージも同時についてくるでしょう。それもまた一家団欒というもの。こうして重箱状になるんですね。

大野 だからはわたしは食べ物も、やっぱり「天地創造」の食べ物じゃなくちゃだめだと言うんです。命を削って、そうして赤ん坊を育てる。人が宇宙の対として、宇宙に答えるような意味でね、命を削って、食べる、育てるという思いがね、天と地の重なる中で行われている。

だからお料理なんかをつくるときなんか、ただ材料を合わせればいいというんじゃなく、スプーン一杯のスープを味わって、そして力を得て、それでお料理をだんだんだんだん、まとめていくわけですよ。そういう思いがあるのね。わたしは、お料理というのが「天地創造」の始まりだとも思うんです。

吉増 そうですよね。ぼくらもずいぶん先生のおっしゃる「天地創造のお料理とか味」とか、うかがっていたら、最初のうちはまったくといっていいほどわからなかったのね。それがだんだんだんに、先生の舞踏を見て、そばでそうやってお話をうかがい、それからさっきそばで、あの川の水門のところでご一緒したけれども、そうすると何ともいえない、「甘い香り」が漂ってくるのね。

こちらもそういう経験をとおして、本当に、この「天地創造」の甘さ、甘みたいな味が少しずつぼくらにも、おすそわけでわかってきました。

大野 あの、鶴居村病院の前の院長さんも、いまの人もそうだけども、患者を療養して病気を治すということだけがね、医者の仕事かどうかっていうことになってくるんですね。そういうなかでね、人間が生きるということについてね、特に霊的なその「甘美さ」というか喜び、甘さというものね。患者を、病気を治すと同時にね、そのことについての理解を得てもらうように努めるのが、わたしは、お医者さんのつとめだというふうに思う。鶴居村の十年前に亡くなった宮田先生も言っているし、いま継いでいる先生方、患者さん、それから職員の方たち、みんな、そういう思いでおることは間違いないのです。ほんとうにありがたいことです。

吉増　先生から生者の行進、死者の行進ということを教えられた。そういうことを考えていて、ぼくもシリアの砂漠なんかに行っていたときにね、荒木経惟氏の亡き奥さん、陽子さんに捧げる詩を書いていたんだけど、自分も死んだ気になって、その死者のほうに一歩、柔らかく入っていかないと、生きていけないというのが少しわかる。そうすると、ようやくその甘美な、やや少し甘い想像の瞬間がくるんだっていうのがね、体感としてわかり始めました。だからずいぶん大事な柔らかいものをいただいて、食べるようにね、いただいていたんだっていうことですね。

大野　わたしはあの病院の中でね、患者さんと踊って一緒に過ごしたという、生涯にわたる一つの体験を積みました。

吉増　ぼくも二年間もブラジルにいましたけど、先生の場合、舞踏や音楽というものは、言語なんかと違って、簡単に国境を越えちゃいますよね。そしてたとえば、その甘さ、切なさなんてものが伝わる。若いブラジルの人たちも涙を流すようにして、甘い涙を流すようにして喜んでいらっしゃる。それを目の当たりにしてきました。もうすぐこの釧路公演が終わって横浜に帰られたら、今度はポーランドとデンマーク、おいでになられるんですね。

おかあさんのおなか

吉増　先生に、「どうしてそんなにお元気なんですか」と聞いたことがあってね。そうしたら、とてもいつも次の創造的なことを考えていらっしゃる。そのことが先生の元気、元気といったらおかしいかなあ、力なんですね。

大野　いやあ、力がないんですね。このごろね、ＮＨＫで四十億年前、生命の創造、ああいうシリーズをずっとやっているんですよ。それを必死で見て、関係する本を買い集めて、読んでいるんです。そして、最初にお母さんのおなかが「天地創造」だということをね、ＮＨＫの放送の中で知る。精子と卵子が結びついたら、クルクルーって、おなかの中で卵子が回転するんですよ、一対一のときに。考えてみると、太陽と惑星がグルグル回っている。遠心力が同時に求心力だというね、クルクルーって回って、よけいなもの、外側の一つ以外のものが全部弾き飛ばされるときにね、中におった一つの精子がクルクルって弾き飛ばされて、子宮の内壁に弾き飛ばされて、そこで差し込むようにしてね。そこで血と神経が、血管の元になるのがつながって、生命が誕生する。だから、宇宙のこの太陽のまわりを惑星が回っているということとね、地球の精子が、人間の生と死ができあがるその瞬間と同じようになっている。あの中心になるものと惑星、これは外側に行けばいいというか、外側のものは同時に内側の中心に向かって求めてくるってもの、人間と同じようなもの。そんなようなことが、四十億年の中にあるんですよね。だから必死になって読んだり見たりしています。

吉増　それも先生のよく言われる魂の学習の一部なんですね。

大野　ええ。

吉増　ほんとうにそうだ。

大野　わたしは前から、吉増先生からいろいろ教えを受けて、今度の公演も、『死の舟』というご本の中の死の舟、これを見たときに、わあって、宝物のように輝いていましたからね。だからわたし、鞄の中に先生のご本、三冊も四冊も詰めて、こんなふうにご一緒できて、本当に感謝、喜びに耐えません。

吉増　ほんとに先生は本をバッグに詰めて、重いのに。

大野　いっつも叱られるんですよ。息子（慶人）にね。重い重いって。

吉増　本当に重いのを持っていらっしゃるんです。魂の学習も大変ですけども、そちらの勉強も舌を巻きますよ。本当、驚いちゃう。でも、それをいつもやってらっしゃる。たくさん読まれるしねえ。

大野　水門に行ってね、水がたまっておったときに、「お母さん」という感じがあったんですよ。水を見ても、水門の何を見ても、お母さんという感じがあったんです。お母さんに甘えるような。それから、母親とのつながりということもあったしね、男と女のつながりといいますかね。

たとえば、水門に行ったときにね、わたしの中に女性がおると。女性が形を失って、川になって流れて、男性にぶつかっていく、岩のように。そうすると平らになって、こうなったり、ああなったりするのが人生であって、その男と女が一つの中にずっとある。男性によって女性が幸いを得るし、男はまた女によっていろんな知恵とか力を与えられる。お互いに与えられるのが、両性具有、つまり男と女。こういうふうになって結ばれたという、始めからこんなふうに、男と女というのは共生しておるという。そんな川っていうこと。水、川っていうのを見ると男と女というイメージがわいてくるわけですよ。それによって人間が生きているし、エネルギーを得ておるというような水でしょ、水の姿ですよ。それからあの水門に行くと、あそこで流れが寄せる、そういう水門です。ですから湿原と水をテーマにする。

水だから形がないかっていうとそうじゃない。わたしは飛行機に乗ってずっと雲の上を進んでいた。雲の中に宮殿のような姿を見て、驚きましたよ。ヨーロッパの空を旅をしながら、「ああすごいなあ」って思っていた。

そういうところでつながっています。あの水門とここと、実際につながっていることは間違いないけど（笑）、これは水と天、天の水ということだけじゃなくて、男と女にも通ずるし、人間同士も通ずる。だから、この釧路湿原というのは得がたいものだとわたしは思っています。改めて認識しましたね。今日よかったですね。あそこに行って、先生に会ってもらえたから。

東西冷戦と魂のダンス

大野　わたしがヨーロッパ、ハンガリーに行ったときには東西冷戦で、いつも不安な状態があった。そういうときにね、戦争やるときに、自分の国は正しくないけど戦争するんだと、仕方ないからやるって、そういう国はないんですよ。必ず自分が正しいって手をあげて、お互いに戦争しあうのが、戦争ですよ。それはわたしが考えたのではなくてね、サルトルと同時代のカミュの言葉の中にある。戦争する、そういう国同士はお互いに自分が正しいということを言って戦争していると。戦争は絶え間なくあるでしょ。それで自然が常に破壊される。当然のこととして、破壊していくわけですよ。

これは政治経済に限らず、人間全体の責任だと思う。政治経済ということに、大事なことだから奉仕するという人もおるけども、われわれは芸術という領域でね、ものを考えるっていうよりも、ものを生み出すようなエネルギーの中で芸術ってものをやるんです。芸術、われわれは言って、できるだけ限りをつくして、戦争問題もある、自然を破壊しちゃいけないということもある、そういうことを考えてやる。

それで、ハンガリーで、「お世話になりました、さようなら」と言ったその日の朝に、東西冷戦が溶けて、ハンガリーが独立しました。それからベルリンに行ったんです。そしたら今度はベルリンの壁が壊れて、そういうようなことにぶつかった。だから、わたしはできるだけのことをしなくちゃならない。

やっぱり、わたしが教わったのはアルヘンチーナについてで、なんて言いますか、一番は、「天地創造」ということかな。そこから始まって魂の学習。芸術というのは、考えるだけじゃなくて、生み出される芸術ということ。われわれは年をとっていく。そうすると肉体が離れがたく魂と一つになっておるけども、魂が先行していかないとだめだと。魂が先行していく、肉体はそれについていく。ところが、肉体はだんだんだんだん衰亡していきますからね。魂がいくらこうやっていっても、肉体は衰亡していくことは間違いがない。

しまいには最小限の肉体に最大の魂で先行していくようになる。その次はどうなるのかというと、もう肉体は消滅してしまいますよ。消滅してしまったら、それで芸術は終わりになるかっていうと、その次は幽霊だ。幽霊ダンスだってあるんだからというのが（笑）、わたしの考え方なんですよ。

吉増　おもしろいなあ。

大野　死んでも、魂ってやつがあるんだから。魂ってやつは永遠というのを願ってね、終わりになる、ならないではなく、永遠に連続していくのが魂だと思っている。

吉増　そうですね。

大野　だから魂のダンス。肉体はだんだん衰亡していっても、永遠に魂を踊る。こうして生まれたダンスじゃなくちゃだめだと。歳をとってからも、じっとしていられないから経験を積むでしょ。経験を積んで積んで積んで、それでじっとしてられるかというと、してられないから、ダンスをやるわけですよ。

命の棒っきれ

大野　さっき言った橋っていうのはね、天から雨が降ってくるでしょ。恵みの雨が降ってきて、雲があっちからこっちに行くでしょう、ねえ。水が天から平等に撒けるように。ああいう天と地のつながりっていうのはね、やっぱり水、橋ですよ、道ですよ。河に道はないようだけど、至るところにありますよ。

吉増　いま聞きながら、本当にそうだと思ったのは、「橋」って言ってしまうから橋のイメージが浮かんじゃうのよね。そうじゃなくって、たとえば、今朝書いていたんだけど、カフカの作品の中にね、お家が閉じちゃっている話がある。するとある人がぽっと棒っきれ、板っきれを出してくれるの。板っきれを出してくれたので、家の中に入れた。板っきれを見たときにね、「そうか、これが橋なんだな」と思ったわけ。ただの棒っきれなのよ。

だから、先生のいまのお話にそれを入れて考えてみると、魂が、偉大なる魂が棒っきれを出してくれているの。先生のしぐさ、舞踏って本当にそうだったと思うけど、その命の棒っきれをつかんでいくのね。だからとにかく、橋っていうと、一つのイメージが浮かんじゃうけども、こんなに小さいものだって、つかまるものなのね。つかまって、それで引っ張っていける。それをいま壮大におっしゃったし、さらにその先に幽霊まで（笑）つかまってくるとなると、これはその棒っきれも、変質しなきゃならない。

大野　どうもありがとうございました。

先生から聞いている話の蓄積がこっちにもできてきているせいか、とてもそれがよくわかるんですよ。今日は本当にありがとうございました。

（一九九四年九月、於 釧路湿原）

母の海から

一九九五年六月、詩人でプロデューサーでもある林浩平企画によるＮＨＫ『ＥＴＶ特集 芸術家との対話①魂の旅』で、吉増剛造と大野一雄の対話、吉増剛造と島尾ミホとの対話が行われた。そこから大野一雄との対話の部分を収録。

〈ナレーション〉

沈みゆく夕日を背にして、一心に踊られていた大野一雄さんの姿が、そのとき土手に座って見守っていられたみなさんと同じように、そのときの記憶がぬぐいようがなく、わたくしは、「薄いヴェールの丘に立ち」と、詩の第一行を書き出していました。川風に、衣擦れの音がして、そして、足音がしていました。だれのものでもない、足音が。大河に向かって半円を描いて駆けだしていった。場所はワッカオイ。水の生まれてくるところ。大野さん、わたくしも先生の言葉、だから行かなくちゃならないだろうと思って、そっちへ行った。それを教えられました。行ってみましたら、そこが、息、息吹《いきぶき》が生まれるところでした。ふっさ、ふっさ、ふっさ、ふっさ。

赤ちゃんの関節が舞踏に

吉増剛造　ブラジルから先生のことを習いにきていた、リジア・ベルティさんという人の赤ちゃんが亡くなったときに、先生がその赤ちゃんの手をご覧になって、ですよね。その赤ちゃんの小さな手、手の関節のことをおっしゃっていたんですね。

大野一雄　顔つきもそうだし、一週間か十日くらい、お腹の中に入っていたので、子どもが亡くなったとき、そのためだろうと思うけど、顔つきでも関節でも、ピシーッともうできているんですよ。もうすでにね。

吉増　そうですね。

大野　それで関節を見たときに、これはもう、苦労する喜び、悲しみ、苦労。あらゆることがこの関節のこの手の中で行われているんですよね。そういうことを実際にやらないで。

吉増　やらないで。

大野　死んで生まれてきたと。悲しくもこう、そういうときに、かわいそうだな、体験を少しでもいいから、喜びだけでなく、苦労さしたい、という気持ちが。両親には生まれてきているだろうなと思って。

吉増　そうですね。

大野　この関節ということがね、わたしの踊りを、狐、ということに置き換えましたし、いろんなことを言ったときに、そういう体験というのからね、ずいぶん大きな、恩恵を受けているんです。

吉増　そうですね。

大野　死からもね。

吉増　そうですね。先生は、新聞紙と竹と針金でその関節をつくられて、それで、先生がそれを抱かれて。

大野　その前の人形はね、関節がなかったんですよ。

吉増　なるほど。

大野　それでね、関節がないところでね、みんな、あっち行ったり、こっち行ったり、いろんなふうに使ったでしょ。そうするとね、可能性がだんだんだんだん、薄れちゃってね。

吉増　ええ。

大野　そのときに、ダメだって思ったときに、ふっとこう関節のことを思い起こして、そうして小っちゃな子どもが、生きて、空気を吸ったことがない、子どもの関節、小さな関節から、大きな力を与えられたということ。

吉増　そうですね。本当に感心するのは、大野先生は、お客さんが一人でも二人でも踊られるし、小さな関節をつくられるし、それがぱーっと広がると、それが大きな舞台にもなる。

大野　そうですねえ。先だって、多摩墓地で、桜の花の木の下でという踊りをやったんですけどね。原《はら》石鼎《せきてい》の「うれしさの 狐手を出せ 曇り花」

吉増　いい句ですね。

大野　気が内に、そっと心の中に。

吉増　ええ。

大野　生き物のようなものが、自分が気がつかないうちに、自分ばかりじゃなくして、すべての人がそういうものを持っているんじゃないだろうかと。ただ気がつくかつかないか、ということだけだろうと思いますけど。その次に確かに、人間の心の中にこう、はっとこうして、たっぷりとこういうふうにこうして。例えば。（立ち上がる）こういうふうにして、こうすうーっと、ああ、きれいだからと行くものか、あるいは、心の中にある美しく大切なものの思いが。

吉増　うん。

大野　魂ですからね。そうなってくると、魂でなければ美しさというのがわからないと。それでここでこう魂が先行して、そして手というものが、いつのまにかこうして出てくる。
吉増　そうですね。
大野　そのようなものが、人間の集中しているなかにあるんでないかと。
吉増　いま踊ってくださったら、手が出ていく、魂が出て行く、……。
大野　やっぱり魂が先行して、肉体ってやつは、じゃあ、どうでもいいのかっといったら、どうでもいいんでなくない。何十億万年でしょう。だんだんだん、始めこういう形のものがああいう形になるまで、何十億年以上かかっている。そうすると、魂があらゆる苦労しながらね、耐えて耐えて耐えてこうなってきているんだから、だから魂が羽織る衣装というのは、肉体でないとだめだと。
吉増　うん。
大野　いろんなことを体験している肉体でないとだめだという気持ちがねあるんです。
吉増　先生が、お母さんの思い出を書いています。ぼくも今日、読んできてびっくりしたのだけど。ラフカディオ・ハーンの話。
大野　ええ。
吉増　子どもの大野さんを寝かせようとして、寝かせようと思って、お母さんがなさる。ここぼく、気がつかなくって、すごいなあと思ったんですけど、お母さんが夢中になって、お話し始めるんですね。で、あのぼくは、先生の中に、夢中になっているお母さんが住んでいるのかなって。そのガッポ、ガッポですか（笑）、音が聞こえてくるような気がして。大野さんは次のように書いています。

子どものころ、私は、怪談が怖かったのか、かたりかける母親の姿が怖かったのか、かたりかける母の姿が化け物のお姫様と重なりあってか、怖かった。母は私を抱きかかえるようにして、私に母の命を注いでくださったのだ。

大野　そのお母さんと私の父親がよく喧嘩するんですよ。

吉増　ほう。

大野　もう、やめてくれと。喧嘩の元がね、わたしを育てる、特にいかにして、どのようにして二人でやっていくかどうかということについてね、口論が始まって。

吉増　ほうー。

大野　そして毎日喧嘩している。そういうなかでね、わたしは育ったんですよ。だから喧嘩ばかりじゃなくして、こういうなかに、二人のなかにこういう（笑）、いがみあいのときに、助けてくれみたいなことですよ。

吉増　なるほどね。先生のその踊りのエネルギーがどこからくるというのは、いろんなところがあるでしょうけども、そのお父さんお母さんの、こう、力のなんていうんですか、衝突。そこからも。

大野　そうですね。

吉増　そうすると、普通わたくしたちが、舞踏とか踊りとか舞っていうと、こう、姿とか色とか音楽とか、イメージを思い浮かべますけども、先生にとってのは踊りというのは、もっと人間くさいといったらおかしいけど、もっと根のほうにあるんですね。

大野　だから、映画見ても、きれいなだけじゃどうにもならない。明るさと光と闇が混在していると。

両方あるから、光が光として、闇が闇として。一面だけじゃだめだと思うんですよ。

人力車に乗ったお母さん

大野　北海道でやったときに、人力車にお母さんが乗って、お母さんだけじゃなく、海でしょ。暗い海が人力車に乗っていく。

吉増　すごいですね。

大野　お母さんとでしょ。波が、こうやって、こうして来る。そういう作品をやったんですよね。

吉増　ラフカディオ・ハーンが初めて横浜に来たときに、やっぱり人力車に乗って、それで、びっくりしているんですよ。半纏着た車夫がこう引いて、背中で文字が躍っているでしょ。人力車に乗って、文字が動いて、びっくりしているんですね。先生の中に、ハーンの驚きが、お母さんの中を通って出てきてますね。あれなんですね。あらかじめ考えずに、立ち往生しながら、魂で行かれてるとき、だんだんわかってきましたけど、魂の迷路の中に道が見えてくるんですね。

〈ナレーション〉
大野さん、島尾ミホさんとの対話を終えて、わたくしの歩みもまた、柔らかく、優しくなっていることに気がついていました。海の潮と河の流れが出会うところ、スペイン語ではラ・ボカ、アイヌの方々の言葉で、プト・レップが美しい。しゃがんだり、振り返ったり、踊ってみたり、歩行の流れが変わってきていた。海と川の出会うところ、ここ河口が、新しい織物のように見えていました。大野さん、ミホさん、ありがとう。

（一九九五年、於ＮＨＫ、大野一雄舞踏研究所など）

生と死の舞踏〈石狩―カムチャツカ〉

吉増剛造　どうしてでしょうね、……十五年前に初めて先生のところへお訪ねしたときも、今日のように雨が降っていました。先生が『死海』の舞台の準備をなさっていたころで、「『死海』の水」と題して対談をしましたね。今日も、考えていらっしゃる舞台について聞かせてください。

大野一雄　これからこういう舞台を演《や》るのです。（創作スケッチをとりだして）カムチャツカのヒグマです。

吉増　舞台はどこでしょう?

大野慶人　釧路に行きます。釧路にはカムチャツカとの交流を始めている会がありまして、七月には、大野一雄を招待してくださるとおっしゃっていて、百人くらいで飛行機をチャーターしてカムチャツカへ行こうという話もあるのです。行く先は、昔、祖父が鮭を漁っていた漁場なのです。

吉増　それは、初耳です……。

大野　そこでは、夕刻や朝方になると、ヒグマが番屋の窓のところにやって来るのです。

慶人　漁師が泊まる番屋というのがあって、祖父もそこに泊まっていたのです。よくクマが来て窓から覗いているという話を、小さいときにずっと聞かされていたそうです。

吉増　お父さんから聞かされていたお話ですか。

大野　そうです。故郷の函館にも四十、五十人くらいの人が寝泊まりする番屋があったのですが、カムチャツカに同じような番屋が二カ所くらいあって、父親もそこに行っていたのです。漁期には、あまりたくさんヒグマが来るものだから、外に大きな穴を掘って、塩と魚をどんどん放り投げて、少し落ち着いたときにそこから出たそうです。

吉増　先生も、その番屋の感じを覚えていらっしゃるのですか。

大野　いや、父親から話で聞かされました。

吉増　お母さんの話はずいぶん聞いていますが、お父さんの話は初めてです。

慶人　急にこのごろ、お父さんの話をするようになって。

吉増　それは先生、どういうことなんですか？

大野　家は船を三艘持っていて、カムチャツカで漁業をしていました。父親は十七歳のとき、ウラジオストックの北方の町に、ロシア語の勉強のために飛ばされたのです。そこで二年間、一所懸命習ったロシア語が、割合に上品なロシア語だったので、函館のロシア領事館に漁夫たちの旅券の申請をするときには、いつも父親が書類を書いていました。

カムチャツカの漁業は、初めは非常に調子がよかったけれども、そのうち世界恐慌が起こり、敗戦で樺太は取られ、あっちこっち返さなくてはならなくなりました。それまで長い歴史をもつ漁場が二カ所ほどあったのですが、二、三年前に親戚の伯母さんからの手紙で、そこがどこなのかを知ったのです。ですから、カムチャツカのどこに行って踊りたいかはちゃんとわかっているのです。

吉増　それは記念すべき舞台になりますね。

大野　わたしはカムチャツカへ行って、日本の人、それからロシアの人に踊りをちゃんと見せて、交流をしよう、お互いにつながっていく力になりたいと。

吉増　おや、おや、考えもしなかったような大野先生の北の海、ロシアへの舞台が、つながり始めましたね。
大野　父が窓から見たヒグマというのは、漁師たちにとって内輪といいますか、人間同士と同じように親しい関係なのです。
吉増　先生の中からヒグマが出てくるとは思わなかったなあ（笑）。驚いたなあ。
大野　（帽子をとりだして）ヒグマを演ろうとして、これをわたしがつくったの。
吉増　おやまあ、素敵ですね。
大野　（帽子を被って、ヒグマの仕草をしながら）こういうふうにクマを演るわけです。こういうふうにずうっと。
吉増　（帽子を手にとって）綺麗な帽子ですね。まるでオフェーリアのような。
大野　クマの品がよすぎて（笑）。だから、こうしたり、こうしたりして。
吉増　クマも水辺に近づいて来ますね。
大野　とにかく全部水辺ですからね。
慶人　鮭を食べているから。
吉増　そうですね。一九九一（平成三）年の、川と鮭に捧げた舞踏『石狩の鼻曲り』の公演でも鮭を担いで踊られましたね。あのときはまさかカムチャツカのことなど、考えてもいらっしゃらなかったでしょう。けれども、あの舞台は予感としてあったのですね。
慶人　五月に初めてこの稽古場でヒグマの踊りを踊ったのですが、どんな音楽をかけたらいいのかは本人だけがイメージを知っているわけです。そうしたら、『石狩の鼻曲り』の始まりのギターの音楽を最初に使ったのですよ。石狩川のことなど意識していないのに自然にね。あの曲で踊れるのかなとびっくりしました。

大野　ロシア正教、ニコライの曲です。函館でロシア正教の幼稚園に通っていたことも関係しています。

吉増　なるほどね。

大野　その次は「鰈《カレイ》の踊り」です。最初は丸い命だったのが、だんだん平らになってしまった。平らになって、泳ぎ始めるときには目玉だけ砂の上からこう出して。そういう中で魚をじっくり踊って見せたい。この踊りは母親の遺言と関係があるのです。「一雄、わたしの体の中を鰈が泳いでいる」。そうわたしに聞かせたときに、病気のため、布団から畳までずっと濡らしてしまうくらいすごい汗をかいて、足をあげると湯気がボーッと立ち昇った。そういうことから「一雄、わたしの体の中を鰈が泳いでいる」と。わたしは子どものときから釣りが好きで、よく鰈を漁りに友だちと二人で北海道のはずれまで行ったことも重なっています。

吉増　先生の手わざで鰈を見ていると、本当に舞台を見ているみたいな感じがしますね、手もイメージも膨らんできて。

大野　それからワーッと砂が吹き上げられて。踊りを演るときには、命がかかっている。そうでないとだめです。

吉増　舞台上だけではなくて、こうやってお話をされながら、それが出てくるのですね。

大野　「体の中を鰈が泳いでいる」。全質量を秘めた深海、丸い命が平らになるまで耐えに耐えて、両眼を砂の上に突き出す。そして泳いでいた、というようなことが踊りの中に、ずうっと入る。

吉増　先生の手が、鰈のようになっちゃった（笑）。どうしてこんなことができるのかな。本当に下の海が持ち上がってくるようです。
大野　それが丸い命が平らになるということ。
吉増　先生、そのときに手の平に、無意識のうちに力が入っているのですか。どういう感じですか？
大野　泥を引き上げるわけ。
吉増　なるほど、粘り気のあるものを引き上げるのですね。
大野　それは平らでないとできないわけです。どういうふうにして鰈がいつのまにか平らになったのかということを説明しないとだめだ。パーッとこうする（手の平をしならせ、鰈が砂を引き上げて跳び上がる仕草をして）。踊りというのは大地を引き上げるばかりの力を込める。見る人もやっぱりそういう思いで見ないと。
吉増　鰈が丸くなって、浮き上がってきたような感じがする。
大野　そういうようなことがありますからね。
慶人　命そのものが最初ね。
大野　もう一つは「水母《クラゲ》の踊り」です。戦時中、わたしはニューギニアで二年間、将校として働いていました。あるとき八千人の人が移動して、前の人が道に迷うと、それについて行った六千人が死んで、二千人が残った。そして食うや食わずで体がボロボロになって、おできができてね。
吉増　先生の〝生者の行進、死者の行進〟というのは、そこに関係があるのですね。
大野　いよいよ負け戦《いくさ》になって終戦になったわけです。一万トンの船に何千人と乗って日本に向けて出発する。そのときにいろいろな人が、「これから出発する、元気を出してやろう」と言うのだけれども、次から次へと人が死んでいく。すると、国旗に包んで水葬をやるわけです。ブーッと汽笛を鳴らして、二回か三回か船を回すのです。本当にそれはね、悲しいですよ。

日本に帰ったときに、「このままじゃ、申し訳ない、安全に帰って来たのだから」と。水母にはたくさん種類があって、それが次から次に動くというようなことを見て、日本に帰ったときに「水母の踊り」をずっと演ったわけです。ニューギニアの帰り、生者と死者たちの体験。多くの人が船中で死んだ。水葬をして帰って来た。だからわたしは「水母の踊り」を演らざるを得なかった。

吉増 舞踏の極致ですね、「水母の踊り」は。

大野 どういうふうに演っていいのか。生と死の問題がここで出てきて、「一輪の花の中にも宇宙がある」と。

吉増 いま、先生が思い出していらっしゃるときに本当にびっくりしました。先生と向かい合って、生きた体験をしました。スーッと水葬をして、そのまわりを船がまるで水母の端っこみたいにしてスーッと静かに回って、ボーッと音がするということ。これは先生が舞踏でわたくしたちに伝えてくださらないと、文学でも音楽でも伝わらない。大野さんの非常に深い身体的な表現を通じてしか出てこないものです。こういうお話を少しずつお聞きすることで、舞台でぼくらも一緒に舞踏宇宙を受け継ぐことができるようになってきましたね。いまの話はすごい話だな。

大野 そういうなかで、今度は「偉大なる神」プレスリー、『好きにならずにいられない』のプレスリー。こういう曲を入れて踊ります。

吉増 ヒグマとプレスリーというのは、何か関係があるのですか。

大野 大きな、根の深い生と死の問題だね。戦争を過ぎてから、一九八八年に東ドイツのドレスデンを訪ねたときのことです。教会になにげなく入ったら、ミサに参加することができて幸いだった。装飾のない巨大な建物は、四階までびっしりカソリックの人が入っていた。二階にあるパイプオルガンが鳴り響き、一階にはボーイソプラノによる合唱隊。正面壇上には十字架があるだけで、ほかに装飾は何もない。きわめて素朴な会堂で、しかしいっぱいなのです。

そこで一つ大切なことがあったのです。場内いっぱいに張ってある大理石の下には、死体が大切に納められていた。性別・年齢が刻まれ、神様によって死者が大切に守られていたということを知らされていたけれども、わたしはそれに気がつかなかったから、死体の上を歩いていた。それから死者の体が神様によって大切に守られているということを知って、いつの間にかわたしも安心して眠ってしまったのです。わたしはいつの間にか、亡くなった人たちと同じように安らかな思いになって居眠りをしてしまった。気がついたら、死者が立ち上がって、わたしのそばに寄ってきた。居眠りをしているから、その間に死者が立ち上がったということでしょう。気がつかなかった。そばへ来る、いつの間にか寄りかかって来るのです。

そういうことがあって、生と死のつながりをはっきりと教えられて、稽古をしたのです。ニューギニアでよくそんなことがありました。わたしは魚が逃げているところにずっと潜ったわけです。そこへ潜って、まさに手をかけようとしたときに、大きなサメじゃない、ジュゴン（儒艮）が、人魚です。人魚がもうちょっと深い底まで行けばいた。そのジュゴンがスーッと体の中に……。

吉増　恐ろしい話。極限体験のすごい話ですね。そんなことがあったんですか。

大野　それでワーッと、息をのんだのです、サメかと思ってね。そうしたらジュゴンだった。ジュゴンの肉を食べたことありますよ。サメと違って毛が生えているんでジュゴンだなとわかったわけだけど、そういう海の底で、人魚と出会った。

吉増　海の底で人魚と出会った（笑）。先生の話は違うところから探っていくと、先生のなかの心の構造もそうなのでしょうし、われわれの記憶もそうですが、ちゃんと整然と出てくるものじゃない……。

大野　生活のなかで培われた。生活のなかで知らないうちに体験した。それを海の底でもう一回体験するのです。

吉増　その時代を過ごしてこられた、一緒に生きてこられた人たちの生命を背負ってこられて、それがとても色濃く出てくるのですね。感慨を新たにして、驚いています。

大野　先ほどのような感覚は、教会であろうと稽古場であろうと同じなのです。

吉増　先生は稽古と舞台上、あるいはいま、こうしていらっしゃるときも、境目をあまりはっきりさせませんね。それをぼくなりに翻訳すると、いまおっしゃった、死者が立ち上がって近づいて来たけれど、押しのけるわけにいかないから放っておいたら眠くなった、という状態、そういう空気に近いですね、きっと。

大野先生が薄いベニヤの舞台でワルツを踊ってられるとき、慶人さんが石狩川の水の上でグーッと円を描いて回られた姿は、みんなのなかで大事な記憶になっている輝かしい舞台でした。まさか『石狩の鼻曲り』のあの舞台全体が、匂いから何から全部生きて、クマまで引きずって、もっと北へ行かれて、カムチャツカにまで行って、そして今度は蘇ってくるようにニューギニアの水母の輪の下の水葬の、死んでいった方々への哀悼になってくるという、ダイナミックな広がりになろうとは思わなかったですね。

大野　はい。

吉増　次はこう踊るからこうと考えるのではなくて、内発してくるものからつくられるのですね。でもそれは先生、何か果てしない感じがしますね。

（一九九九年五月一九日、於大野一雄宅）

火炉の傍《かたわ》らに立つこの巨人

二〇一〇年七月十四日、吉増剛造写真展「盲いた黄金の庭」を開催中の銀座BLDギャラリーで、六月一日に亡くなった大野一雄追悼パフォーマンス「In Memory of Kazuo Ohno」が行われた。冒頭、大野慶人が父・大野一雄のパフォーマンス『石狩の鼻曲り』の映像をバックに大野一雄の指人形とともに舞い、そのあと吉増剛造、樋口良澄が加わって、大野一雄との思い出を語った。

『石狩の鼻曲り』の光景

樋口良澄　今日は元々、吉増剛造さんと大野一雄さん、そして大野慶人さん、この三人の深い関係を掘り起しながら話を進めようと思っていました。ところが、この会の準備を進めている最中に一雄先生が亡くなられました。その大きな喪失のなか、三日後に横浜のBankARTで開かれる「ブラヴォー！　大野一雄の会」というお別れの会の準備でお忙しいところを、大野慶人さんに来ていただきました。本当にありがとうございます。

上映した映像は、石狩川の河口で、夕陽を背景に大野一雄さんが踊るという場面で、札幌の中森敏夫さんを中心に、吉増さんと私がその企画を進めました。羽田空港から大野一雄さんを石狩までお連れし、行動をともにしたことが一気に思い出されました。

吉増剛造　いま、みなさまのお目に入れていただいて、慶人氏のこの場での空気の舞いが、〝影絵のように、……〟というのではなしに、いつか、クリス・マルケル氏がカズオ・オーノの姿をアトリエで撮っていたときに、窓の外の目に、オーノさんもクリス・マルケルも、ともに気がついて、カメラもオーノさんも、窓辺に近づいていきましたよね、……あのシーンのようでしたね、いまの舞いの空気は、……。

スクリーンに映されていましたのは、「石狩の鼻曲り」というタイトルで、一九九一年九月だったでしょうか、……台風が来るかもしれないというので、ごらんいただいて、おわかりになったと思いますが、川面にちょっと波が立っていましたでしょう、……舞台を手づくりされたみなさん緊張してられたのを憶えています。いま大野慶人さんが、この『石狩の鼻曲り』の舞台の前で、大野一雄さんのスピリットとともに踊られているのを初めて見ましたが、……そもそもあの映像もプロの方が撮ったわけではなくて、三人ぐらいの方が偶然ビデオカメラを持って撮っていらっしゃったものなんですね。ぼくがびっくりしたのは、あの映像のすぐあとに、慶人さんが川の流れのなかを、半円を描きながら、さーっと駆け回った、……。よくあのときあんなことができましたよね。水の上を走ったような感じでした。いまも、とても、あの折に初めてしました、……初発の驚きが、詩行には、きっと残っていますので、引かせてみてください、……。

水から引き上げるようにしてみますが、〝水から引き上げる、……〟ということが、あるいは、カズオ・オーノさんの心中のとっても大切なものであったのかも知れないのです。膝の上に、詩集を置いて、ページから摘むようにしてみますと、……。あんまりたくさんのラインは読めないのだけれども、アイヌ語に呼びかけているような空気もありますね、……。

水は孤絶《こた》えた、蓮波の姿、波裏の皮膚がちぢみ
——そこから、わくか、あたしは、湧き、上る

可愛らしい、インク壜が、河口で揺れている、しを（汐）らしい
——初めての紙、石狩の香

飛べなくなった鳥たちがあたしたちの下をふむ
——足跡の湖《コ》

〝あたしは誰？　少年的孤獨／の女、……〟。稚《わく》か、い舌、神の下、下着が、風にゆれた
——水の細（破）線が、水裏を、漉《こ》して（夕、折った、……）

「月暈／不死 01」『花火の家の入口で』青土社

こうして〝舞踏の言葉〟を、いまここで、詩の裏側の空気のようなところから、摘まみ上げてみる試みを、それをやむにやまれずいたしますことを、読者の方々、そして、対話の大野慶人さん、樋口良澄さんに、お詫びしなければなりません、この〝やむにやまれず、……〟が、いつもいつも極限をさして、全生活を曳《ひ》いていかれた、カズオ・オーノが、促しているものです。きっと、……。

詩行は、石狩の奇蹟的な光景を見た瞳《メ》の幽かな独白なのでしょうね。書いたときには、この〝瞳《メ》の幽かな言葉〟には意識はとどいていなかったのです。

〝あたしたち稲妻は生きて行く――、宇宙を曳《ひ》いてゆく〟

――つるッ、つるッの、紅い、オ、目冥《メ》の、

蟲（奥の目）の御膳、オッチケ？　うん、そういういい方もある
――無言の御膳

飛べなくなった鳥が、魚籠《びく》を啄む、水底に、銀河が、静かに、挿された、……

――えっ、死海でツリをしてた？


（同）


どう、読まれますでしょうか。わずかな、貧しい、驚きにすぎないのだけれども、大野さんの「御膳」と〝曳《ひ》く〟とがね、とっても大切な、他のだれもが創造し得なかった、所作で、それに、感服している沈黙の瞳《メ》が見えますすよね。

次の行に、慶人さんが出てくる。〝ハイ、ヒル〟は判るけど、〝ドッジ〟や〝ざんばら〟や〝ギー〟の濁音が、少し川底からの小声であることはわかるのですが、まだまだわからないところもある……。いま、気がつきますが、御玩具《モチャ》、……が、もしかしたら、鍵（キー）かも知れない、……。

さ、木馬《きんま》が歩く、夢の片隅路《みみち》を。菫を摘む、ざんばら童子、慶人《ヨシト》の小袋に、ドッジ、ボール

——櫻のハナ、宇宙の匂い

御玩具《モチャ》の

ハイ、ヒルの

ガッポカッポ

いのちのはての（尖った）顎《あご》、丘の〝ギー！〟

（同）

大野慶人　ちょっと怖かったんですよ。下に何があるかわかりませんからね。少しオーバーになるかもしれませんが、「命がけ」、土方巽の「舞踏とは命がけで突っ立つ死体」、その教えが身についたのかも。

吉増　そう、そうでしたね。慶人さんの足の下には、大雪山系から流れてきた、たくさんの巨木や根ッコがね、流木の塊りがあったはずだったのですよね、……大河の最終処分場、……見えない河底、……それが見えた驚きがわれわれの目の中に残っています。あの日、夕陽が落ちてきて台風がうまく逸れてくれて、そして、あれは二日ぐらいかけてみなさんでつくり上げた仮のステージでした、……われわれはこちら側の土手に座って、二百人か三百人かが、いま思うと、石狩川の河口自体が下へと降りている、それを観ている状態。緊張しながらみんなで光景の記憶をつくっていました。

六月一日に大野一雄先生が亡くなられ、見送る気持ちになっていたのが、いまここで慶人さんがこのように踊ってくださって、その記憶の皮膜が少し破れて、そうして次の光景が重なってきていた。何だろうな、……わたくしたちの持って生きていく光景がここに出てきた、……ぼくの記憶では、一雄先生はあのとき白い服を着ていらっしゃって、踊られながら川の中へハイヒールと白い服のままで入っていかれようとされた、そして慶人さんがさーっと水のなかを駆けていかれた。

そのときも信じられない光景だったんですけどね、……今日はその光景の上に、いま、けっして上手に書けたとはいえそうにない詩の行を、魚籠《びく》のように、発語してみて、どうやら、容易ならぬ地下と水底が、迫り上ってきています。次なる信じがたいような光景がわたくしたちに届けられるシーンでした。あそこは石狩川のアイヌの方々が大事にしている場所で、川を上ってくる鮭を獲るときに、鮭にお辞儀して獲らせていただく、……そのようなところなんですね。だから最初にはセレモニーがありました。前夜祭があり、そのときに能量寺さんで慶人先生と一雄先生がお金を包んで渡され、そういう手順を踏んできてこの日になった。その記憶の光景が、今日ここでまた次なる光を帯びましたね、……驚きました。

すべてそれも一雄先生に感謝しなきゃいけないけれども、さて、この計画を進めたのは、中森敏夫さんをはじめとする北海道の有志と、アイヌの方々と、そして、「北ノ朗唱」の中心人物のお一人であった、大島龍さん。その石狩河口は、彼の生活の巣のようなところでもあったのです。企画の立案は樋口良澄さんでしたが、もともと『現代詩手帖』の「舞踏」特集で、大野一雄先生を引き出し、「吉増さん、対談やってくれ」と言ったのもこの人でした。どういうヴィジョンがあって大野先生に来てもらったのかしら、……。

樋口　それは『現代詩手帖』の特集「舞踏・身体・言語」（一九八五年五月号）のことですね。言葉の詩と肉体の詩である舞踏の対話を企画したとき、言語も肉体も既成のものを取り払って、すべてを始源から語っていくようなものとして成立させたかった。大野さんと吉増さんならば、始源から彼方を見つめる世界を持っているので。そして土方巽さんは、「風だるま――衰弱体の採集」という重要な講演を掲載していますが、大野さんを通して見ることで新しい発見があると思ったのです。

土方さんもそうだったのですが、舞踏にとって言葉は大事で、大野一雄さんは、踊る前にいつも白い紙にマジックで言葉をお書きになっていましたね。慶人さんが先ほど人形と対面し、中心を二つつくるようにして踊ったように、大野一雄の踊りには、言葉と対面し、言葉と身体の二つの中心を孕むところがあったと思います。そのとき、言葉のなかでも詩は重要なものでした。

慶人　もともと詩を読むのが大好きで、あるいは絵を見ることが大好きで、戦後舞台に立つようになってから、啓発されていろいろと書き留め、それによってだんだんと自分の宇宙をつくっていくんですね。

樋口　具体的に言葉はどのように関わっていったのでしょうか。

慶人　舞台に出る寸前まで何かを読んでいるんですよ。それでもう出ますよ、と始まるときになったら、ぱっと捨てて、するともうぜんぜん関係なく、自由自在に踊る。むしろとらわれているから自由になれる、自由になるためにそういう作業がどうしても必要だという感じでしょうか。何のために読んでいたんだろう、とずっと思っていましたが、最近になってようやくわかってきた気がします。

従軍と捕虜の体験

吉増　その〝読んでいるオーノさん〟の姿に、さっき咄嗟に、発語して釣りあげるようにした詩行にも出てくる〝大野一雄の孤獨〟を、わたくしはどうやら読みとっているらしいのです。この〝孤獨〟は、普通には見えないものなのでしょうが、ここに何かを読むな、……。これは土方巽さんにはなかったことでした。咄嗟に、もう仮にですが、〝ボイラーマン・オーノ〟と名付けてしまいました、……。

一雄先生、体操の教師を定年でお辞めになったのだけれども、その捜真女学校がとってもお好きだったらしくって、辞められたあとでも、〝ボイラーマン〟としてそのまま学校に居つづけておられた、……というのね。えぇっと思われません？　こんなことをなさるなんて、……。そして、そこで、……ボイラーの傍《かたわら》でね、書物を読んでおられた、林浩平さんの記憶では、岩波文庫をたくさん、……だったかな。……そういう大野一雄さんがいることを、このあいだ林浩平さんの書かれていた追悼文を読んで、あらためてそのオーラに気づかされていました。そのお話をされたときにわたくしも、テレビ出演で、たしかに傍にいた筈なのに覚えていなくて、これは覚えていてくれた、林浩平さんの手柄ですよね。

一雄先生はとても大変なときに、たった一人でカメラの前で踊られていた。それから仮に傍《かたわ》らでボイラーマンをしながら、その煙のなかで一所懸命に本を読んでらっしゃった、そして書いていらっしゃった、……こんな大野一雄像というのは、舞台に立ったときには見えてこない大野一雄像なんですよね。その像の気づき方のスジを手短かにお話しいたしますが、……ポイントは、そのボイラーと火でした。

お誘いがあって、この九月からの催しなのですが、八戸でモレキュラー・シアターの豊島重之さんら「ICANOF」のメンバーが略称「飢餓の木」というヴィジョンで活動を開始されて、お手伝いに、この六月に八戸に行きました（注：及川廣信が踊る。一五六頁）。そこで普遍的なもの、火や煙や灰の傍にいる思想家ということで、後期ハイデッガーの『ヒューマニズム書簡』の最後に出て参ります、炉辺（竈《かまど》）の傍に立っているだけ、……〝だけ、……〟というのは微妙で、〝それだけでよい、……〟という光景ですね、そのヘラクレイトスと八戸の農の思想家安藤昌益が付合しました。炉辺の煙と灰と火の運動がポイントなのです。ここまで申し上げますと、東北やあるいは、今日最後に読んでみます、追悼の小文のなかの「蟲送り」ということにもつながって来ます、ボイラーの傍《かたわ》らにいる、大野一雄氏に、どこか古代の哲人の火の匂いを感じていたことのわたくしなりのご説明にもなるのだと思います。しかもこれは比喩としての火や炉辺ではなくて、実際に火の子を頰に感ずる、感じさせるヒトの立ち姿なのです。ぼくはそのことにあらためて驚いていていました。

大野一雄さんのもうひとつ大切なことは、第一生命ホールでおこなわれた『ラ・アルヘンチーナ頌』でしょうね。七十一歳で、これで最後かもしれないという、これは、慶人さんから啓示をされたことでしたが、そういう時期から新たな人生が始まったのですね。その人生にはとても深くて苦しい経験と、それから、仮初めにね、傍《かたわ》らのボイラー室で、岩波文庫を読んでられた、そんな大野一雄がいるということですね。もしかしたら、そういうことが無尽蔵に眠っているのかもしれないのです。

第一生命ホールには、わたくしも、後ろか隅にいましたけれども、何を感じたのかといわれても、これまでは、答えられなかった、……。それが、ようやっと、言語を得るときが来た、……。でも、考えてみると、大野一雄の舞踏人生は、その試行の連続であったのかも知れませんね。いまとなって、第一生命ホールが、「母胎」というか「火炉」であった、……ということができるのですね。はじめて、……。

樋口　ボイラーマンというよりは、校舎の修繕をしたり、いまでいう用務員さんの仕事をもう少し専門的にしたようなことを献身的にされていた。慶人さんの言葉をお借りすれば、それこそが「大野一雄の舞踏」というもので、大野さんの世界の根源がそこにあるのかもしれません。「体操教師」という形式を越えた人間の根源的な営み。同じようなことが大野さんの踊りに対する考え方にもあって、大野一雄さんはずいぶん前から、「自分はもし動けなくなったら手だけでも踊る、寝たきりになったら指だけでも踊る」

と語っていました。「手の舞踏」ということを考えているんですよとおっしゃっていて、とても印象的でした。「舞踏なんてものは、この二十センチ四方でもできるんですよ。どんな状態になっても自分は踊るんだ」ともおっしゃっていた。

実際、二〇〇一年に歩けなくなり、立てなくなってからも舞踏を続けていく。その年の稽古場の公演で車椅子で踊られたのは感動的で、晩年は寝たきりになって片手だけでも踊り、これは見続けなければと思って見ていました。無意識も含めて人間の未知の可能性のようなものが引き出されて、観客に深い感動を与えたのでしょうね。公演後にいつも観客が立ち去りがたく残っていた……。

慶人　大野一雄はつねづね、「いくつまで踊るんですか」と聞かれたりすると、「死んでからもだよ」と答えていたんですけど、こういうかたちでやっぱり踊っていくんだなと思ってね。幸せな人だなと（笑）。俵屋宗達に『蓮池水禽図《れんちすいきんず》』があり、花の三つの姿が描かれています。つぼみの花、満開の花、そしていま散る寸前の哀弱した花です。大野一雄にその命の姿を思い、命の尽きるまでが舞踏であると信じました。

吉増　栄達の、その『蓮池水禽図』をみている「大野一雄」というのは、……とても大事なシーンですね、そして二十センチ四方あれば、踊りはできるんだとおっしゃっていたこと、それが、曳いてられるお膳でもあったし、それから死んでからも踊るんだよということ、……それが「母胎」「火炉」ということでもあったし、それからどんなところへでも、お呼びがかかるとお出かけになって踊られたでしょう、……。あそこには、従軍と捕虜の体験が感じられるし、とても深い問題がありますね。

慶人　呼ばれなくても、行くときは必ず大野一雄は音楽CDを懐に忍ばせているんですね。

吉増　そういえば、慶人さんは、お父上なのに、なぜ大野一雄先生と呼んでいるのでしょうか。

慶人　土方さんが亡くなる少し前に言われたんですよ。「慶人さんは、お父さん、お父さんと言わないから、つき合えるよ」と。「そうですね、ぼくはね、大野一雄を大野一雄と言うんですよ」と。私は十歳のときに初めて父親に会ったんですよ。写真のなかでしか見ていなかったんですね。初めて会ったときに不思議な人だなあと思って（笑）。父親という感じがしないんですね。だからいつも父親じゃなくて、大野一雄、大野一雄と。だからお父さんと呼んだことがないんですね。

吉増　そうなんですね。一雄先生は一年間、捕虜でニューギニアにいて、……あまり兵隊のときのことはおっしゃらなかったけれども……。

十数年前の対話（二五四頁）から少し引いてみますと、こんなふうでしたのですね、……。ポイントをゴシックにしていただきます。

大野（一雄）　「水母《クラゲ》の踊り」です。戦時中、私はニューギニアに二年間働いていました。ある時には八千人の人が移動して、前の人が道に迷うと、それについて行った六千人が死んで、二千人が残った。そして食うや食わずで体がボロボロになって、おできができてね。

吉増　先生の〝生者の行進、死者の行進〟というのは、そこに関係があるのですね。

大野　いよいよ負け戦になって終戦になったわけです。一万トンの船に何千人と乗って日本に向けて出発する。その時にいろいろな人が、これから出発する、元気を出してやろうと言うのだけれども、次から次へと人が死んでいく。すると、国旗に包んで水葬をやるわけです。**ブーッと汽笛を鳴らして、二回か三回か船を回すのです。**本当にそれはね、悲しいですよ。

日本に帰ったときにこのままじゃ申し訳ない、安全に帰って来たのだから。水母にはたくさん種類があって、それが次から次に動くというようなことを見て、日本に帰ったときに「水母の踊り」をすっと演《や》ったわけです。ニューギニアの帰り、生者と死者たちの体験。多くの人が船中で死んだ。水葬をして帰って来た。だから私は「水母の踊り」を演らざるを得なかった。

吉増　舞踏の極致みたいですね、「水母《クラゲ》の踊り」は。

大野　どういうふうに演っていいのか。生と死の問題がここで出てきて、一輪の花の中にも宇宙がある、と。

吉増　いま、先生が思い出していらっしゃるときに本当にびっくりしました。先生と向かい合って、生きた体験をしました。スーッと水葬をして、その周りを船がまるで水母の端っこみたいにして**スーッと静かに回って、ボーッと音がするということ。**これは先生が舞踏で私たちに伝えてくださらないと、文学でも音楽でも伝わらない。先生の非常に深い身体的な表現を通じてしか出てこないものですから。こういうお話を少しずつお聞きすることで、舞台でぼくらも一緒に舞踏宇宙を受け継ぐことができるようになってきましたね。いまの話はすごい話だな。

こんなふうにして、水をさしむけなければ、決して語られることがなかった、……「水葬」のこと、……もしかしたら、石狩川の河のときにも、それとは知らずにわたくしたちは、「水葬」を感じていたのかも知れなかった、……。

こうしてお話をしながら、「水葬」、……あるいは「水門」、「河口」のところで、不図、想いだされることがあります。

はじめての「コラボレーション」、まだ、こんな言葉が流行りだしたばかりのとき、一九九四年の釧路でした。あれは、釧路の小林東さん（大野一雄が公演していたジャズのジス・イズ店主）がみつけておいたのか。あるいは「グループ現代」（映像制作）の西条さんらスタッフだったのか……。もうすっかり舞台の支度をされたオーノさんと一緒に歩いていて、何か古廃橋というのか、僅かなアーチの小橋に差し掛ったのですが、そこで、〝あッ！〟といわれたオーノさんを、はっきりと覚えています。

そのときに、オーノ先生は、ニューギニアのミドリの小橋を思い出されていたのでしょうね。オーノさんにおける「河の女神」との出逢いとともに、二人してまるで遊んでお花を摘むようにして、ほとんど、掌をつなぐような「コラボレーション」が始まった瞬間でした。雪雄子《ゆきゆうこ》さん（舞踏家）がじっとごらんになっていて、撮ったのが、いまは亡き山口誠カメラマン。慶人先生、こんな「戦場」も、………あったのですよね……。

慶人　花の宇宙のことにしても、花は太陽に向かってのびてゆく、根は光の届かない闇に向かってのびてゆく、一輪の花には光と闇があると、戦争から死と生を実感して考えたのだと思います。

次元の開口

吉増　一雄先生は土方さんの例の日本青年館での『肉体の叛乱』（一九六八年）あたりからまったく舞台に立たれなくなりますよね。そのあと七十一歳のときに『ラ・アルヘンチーナ頌』を初めて踊られたのですが、あれは土方さんの振付ですね。

慶人　あれは作品ができなくなった、あるいは踊れなくなってしまった時期なんです。六十代になると、人の舞台に頼まれると、すごく汚くメイクアップして出ていくんですね。土方さんなんかも嘆いていました。「あれだけディヴィーヌで美しかったのに、なぜあんなに汚い格好をするんだ」と。

映画を三本撮りはじめましてですね、私たちは知らなかったんですけれども、週末ごとにどこかへ出かけていくんですよ。どこへ行っているんだろうかと思っていたんですが、映画が出てきて、上映を観て仰天しましたよ。北海道の支笏湖に行っている、会津若松に行っている、恐山にも行っている。しかも生徒を連れてね、そこで一時間半の映画を三本も撮っているんですよ。台本もないですからね。三本も撮ってたいへんなお金を遣って仰天しました（笑）。

吉増　その〝汚れ〟も、きっと、とても大事なポイントですね。オーノさんの「お膳」だって、その〝汚れ〟やさらに行けば〝飢え〟ということの象徴だったのかも知れないのだしね。

Kazuo Ohno『美と力』という素晴らしいＤＶＤが出ていて、このなかに『Ｏ氏の肖像』、『Ｏ氏の曼陀羅』、『Ｏ氏の死者の書』が部分的に収録されているんですけれども、ここで試みられている大野一雄にはものすごいものがありますね。これが、……ここが「炉」で「原子炉」だったのですね。いまにしてわかります。土台というか、いちばん下まで降りていったような、このときが、オーノさんの〝汚れ〟への……そういう途方もない時期です。「豚小屋」に入っていかれて、口づけをされていた。オーノさんの傍《かたわ》らで本を読んでいるような人が、それと同じ時期に、たった一人で映像のなかで格闘してられた。そうした、壮絶な孤獨と孤－底だったのですね。そこに、わたくしたちは、確実に惹かれていっていた。

慶人　そうですね。自分の源流に戻ってきたのでしょう、そのあとにアルヘンチーナを初めて思い出したんですね。ある日、興奮して帰ってきて、「アルヘンチーナを踊りたい」と話すので、「アルヘンチーナって何ですか」と聞いてみたら、「アントニア・メルセというスペインの舞姫だ」と言うんです。それでくわしく話を聞くと、「五十年前に見た」と言うんですよ（笑）。五十年前に見たものをひそかに隠してだれにも言わないで、自分のなかに棲まわせていたのか、とびっくりしましたね。

スイスのロマンド放送が一九八〇年代のはじめにテレビ番組をつくってくれたんです。そのディレクターが、パリからアルヘンチーナのたった一つあった映像を探し出してきてくれて、大野一雄の踊っているところへかぶせたんですね。そしたらそっくりなんですよ。これもまたびっくりしましたね。

吉増　オーノ先生も、ご自分でも『ラ・アルヘンチーナ頌』のタンゴを踊ったときが、自分の最高の舞踏だとおっしゃってられますね。そのアルヘンチーナの姿が出てきたのは、日本橋の画廊で行われた中西夏之さんの展覧会だったんですね。ぼくもちょうど『みづゑ』に文章を書いていたから、あのときの中西作品の衝撃をよく憶えているんだけれど、これはちょっととんでもなくて、……宇宙の次元がひらくような、絵のなかの裂け目がぱっと見えるような、そういう展覧会だった。それをご覧になった大野一雄さんが、出口に近いところに掲げられている一枚の絵の前で立ち尽くした、……「これこそがアルヘンチーナだ」と思ったと。ぼくもやや似た経験をしているのでわかるのです。そのような次元の開口みたいなことがあるのをぼくも知っている。先生ご自身はその直観のくわしい内容をおっしゃらないので、傍証のようにして、「中西夏之の磁場を歩く」という、ぼくの一九七七年の文章（『みづゑ』一月号）を読んで、大野一雄氏が感じたらしい〝次元の開口〟に、……文章を引いてみることを、お許しください（わたくしが感じました、ポイントを、ここもゴシックにて、……）。

じつにおもしろいもの（というより作品の状態）を、今度の「中西夏之展」でみたようだ。幾度かわたしは画廊に通ったのだが、いつもは画廊に入るということはお城に入って、回廊を歩いてゆくような気がしていたものだ。ところが中西夏之展にはそんな堅固な壁がない。「オレンジと緑の間で」とか「褐色群の内部で　二ツのトライアングル」とか、前回の個展の「山頂の石蹴り」、あるいはサンドペーパーの一部分めくれた（なにか磁場か砂場が一部分巻きあげられたような作品）「絵の形」をみているうちに、画廊に入り、画廊から出てゆくという意識が薄められて、いつもの壁の意識が消えてしまったのだろう。といって中西夏之の作品の世界に次第に踏みこんでいったというのでもない。つまり画廊の壁と中西夏之の作品の「隙間」を道にして歩いてゆく、一本の筋道がわたしの眼にもみえてきていた。その「筋道」は画紙に切りこまれたナイフか鋏の痕跡、鉱物質のものが通った痕跡でもあるし、たとえば油彩・錫粉末による「オレンジの棒・緑の棒・六ツの褐色系」(一九七五)のように、色彩系の階段をおそるおそる下ってゆくに従って、画面のなかに誘いこまれつつたどる「筋道」でもある。色彩のもつ重力(の階段)を静かに降りてゆくと、不意に校庭か空地の砂場に出たように、中西夏之のもつ信号(形態)である三角形と円、ハートと触れあう「境い目」がくる。わたしの眼(のうごき)は星間物質のような、中西夏之作品の磁場を、ある「筋道」をたどらされてしらずしらずのうちに歩行してゆくのである。それでいて作品(とくに油彩作品)のむこう側に出る亀裂というか空白のようなところ(そんな場所か境い目)に出合うことはなく、わたしたちは永遠に中西夏之作品の重力の階段を、色彩と形態のあいだにはられた微妙な道を、そこでステップを踏みつつゆくのである。眼が触覚的な機能(というか官能)をもつ、そうおもわせる瞬間が中西夏之の作品内に待ち伏せていて、みる者の官能にうごめくものの(動物的なというか獣的な)筋道、その息吹きの襲来を感じさせる瞬間がある。おそらく色彩の重力にみちびかれつつ歩いているうちに、わたしはなにか金属質の物質に触れていることを感知していたのだろう。絵のなかの「隙間」(といってもこれはこちらの意識に生じている「隙間」にすぎないのだろう)その惑星上の「割れ目」のようなところに、突然懐かしい形態が迫ってくる。書きつつ作品のなかの筋道をおもいうかべ、これはじつにおもしろい絵の道だという印象がさらに明確になってくる。

おそらく、こうした感じ方をオーノさんはされたのだろう、とわたくしは確信をします。そんな直観の穴が、深い人生のなかの至るところにあいている、……だから、オーノ先生には、たくさんの出会いがあるんですね。

慶人　不思議なんですが、それから三日ぐらい経ったら、いまもニューヨークのマンハッタンに住んでいらっしゃるエイコ＆コマさんというご夫婦の踊り手から、アルヘンチーナ、つまりアントニア・メルセの写真集がぱっと送られてきたんですよ。なぜだかわからないんですが、その時期だったんです。そのような奇跡みたいなことがあって、大野一雄は写真集を見ながら、やっぱりこれは踊れないやと思ってその晩寝たところ、アントニア・メルセが夢に出てきて、「大野さんいっしょに踊りましょうよ」と言ってくれたというんですよ。すごい人なんですよ（笑）。

樋口　吉増さんがいまおっしゃったような記憶の穴のようなものがいくつもあり、それがずっと溜まっていた。戦後いちばん最初に踊った「水母《クラゲ》の踊り」も、『ラ・アルヘンチーナ頌』もそうして生まれたものですが、女子校の体育の先生をしながら舞踏を続け、世界デビューしたのは七十一歳という人生が可能だったのは、記憶を育てていく、それも生以前、生以後にむけて育てていく、という作業が一雄さんのなかにあったからだと思います。

慶人　一九七七年に大野一雄が七十一歳で『ラ・アルヘンチーナ頌』をやって、一九八〇年にナンシー国際演劇祭があり、そのあとで『わたしのお母さん』をつくったんですよ。「アルヘンチーナを踊ったんだから、このつぎは何を踊りたいですか」と聞いたら、「じゃあお母さんのことを踊ろうかな」と言うから、土方さんに相談に行ったんです。「今度は母親のことを踊りたいと言っているんですけど」というと、「それじゃ、題は『わたしのお母さん』だな。だれだって信用するさ」なんて言ってね、それで決まったんですよ。

ナンシー国際演劇祭からお招きがかかってきて、『ラ・アルヘンチーナ頌』を踊りに行ったあと、世界的に爆発しましてね。ケベック、ニューヨーク、ベネズエラ、ジュネーブにあるテレビ局に出演し、テレビで放送されたりしたものですから、パリに広まって雪崩現象が起き、一気に世界中をまわることになりました。

群踏の世界へ

吉増 カズオ・オーノが、世界的になっていく、そのとても深いところを見た瞬間を思い出したんですけれどね。……サンパウロへいらっしゃったときに、アントゥネス（・フィーリヨ）という演劇界の大立て者（テアトル・マクナイマ代表）が『マクベス』を大劇場でやっていた。ちょうどオーノ先生がいらっしゃっていて、アントニウスと友だちだから、終わったあとのカーテンコールに引っ張りあげたんですね。そしてオーノ先生はぱっと踊る仕草を、とってもお茶目にね、なさって喝采された。そのあと終わって幕が下りて、二千人ぐらいの観客が帰りはじめたんですよ。ぼくらも帰りはじめたのね。出口へ向かって観客が動いているときに、しばらくしてその観客の動き、潮の流れが変わりはじめたんですよ。だれかが舞台のほうを見たらしいんだな、……最初に気がついた人から波動みたいにみなさんに伝わったんだろうけれども、……帰っていく人に向かって、カズオ・オーノさんが舞台の袖から手を振っていらっしゃった……。だれかが気がついたんだね。そのあと何百人、何千人の観客がそれに気づいて、さーっと後ろを振り向いた、……これがカズオ・オーノだったのだなあと。その場面を、いつ思い出しても一種の戦慄が走ります、……。それはやっぱり国境を越えますよ。

樋口さん少し、お話ししてくださいな。ぼくは少し休んで、……最後に、書いたばかりの追悼文を、なんか〝火〟か〝蟲〟を入れるようにして、読んでみますから、……。

それが、わたくしの〝蟲びらき〟、〝蟲送り〟、……。

樋口　大野さんと観客たちの光景が目に浮かぶようなのですが、踊っているときの大野一雄さんには、何か天上的な明るさがあって、それが大事な秘密だと思っていました。それは土方さんにはないものですね。

慶人　大野一雄の踊りは光の踊り、これは間違いないんですね。それから土方さんの踊りは暗黒舞踏と言われていましたが、その「暗黒」がぼくもわからなかったんですよ。東北の秋田出身ですし、一九二八（昭和三）年の生まれで、二九年に世界大恐慌が起きたときだから、いわゆる貧しさのなかに育ったんですね。お姉さんが芸者さんに売られちゃったとか、お兄さんはもうここで食えないから兵隊に行ってこいということで、大好きなお兄ちゃんがいなくなっちゃったとか、とても暗いんだけども、でもそういう暗さだけかなと。で、土方さんが亡くなる日の亡くなる二時間前に、「これからみなさんにお会いしてもらう」と言うんですよ。「えっ?」と思いながらも、ぼくが最初に呼ばれて部屋に入り、少し話をしたときに土方さんは、「慶人さん、神だけが怖い……」と言ったんです。そうか、と思いました。土方さんは上からかぶさってくる神様が怖くて怖くてしょうがなくて、いつも「あー、おっかねえなあ」という感じだったんですね。これは暗いわと（笑）。何ともいえないあの動きの謎が、何となくちょっとわかったんですね。大野一雄のほうは神を信じているので突き抜けてしまっている。私は欣喜になってしまっているんですが……（笑）。

樋口　これは新しい解釈だ（笑）。大野さんには日本語の「明るい」という言葉にはない、つきぬけていくようなもの……がありましたね。稽古場に何度かうかがったのですが、あの空間自体がそうなっている。日本のどこにもないような、ある輝きというか、何でもない古い木造の板の間の稽古場で、まわりに何でもない樹が生えているだけなんだけど、何かつきぬけている。それが大野一雄さんなんだなと思っていました。

慶人　でも日常的に明るいかというと、ふだんはほとんど日常の世間話などしないんですよ。「お前、元気かい」とか「学校はどうだい」とか、そういう話にはぜんぜん興味がないんです（笑）。自分の踊りの話になると明るくなるけれども、ところが私が稽古に行かなかったりすると、もう口もきかないんですよ。家じゅうが暗くてご飯が食べづらいぐらいに（笑）。だから、「お客さんが来たときぐらい、たまには『いかがですか』とか『どうされていますか』とか聞いたらどうだい。自分の話だけ聞かせて、ただ帰ってもらうんじゃね」と言ったりしていました。そういう感じで、勝手なところもある明るさなんですね（笑）。

樋口　先ほどの三つの映画の中で大野さんが踊ろうとしていて、いっしょに準備をしていた慶人さんが、「親父、これは大野一雄じゃないよ」と怒鳴っている映像がありましたけれども、そういう相克みたいなことはあったんでしょうか。

慶人　稽古のときはたいがいそういうやりとりでしたね。たとえば『死海――ウインナーワルツと幽霊』をやるときに、イスラエルに呼ばれて一週間招待されて公演をし、観光もさせていただいて帰ってきた。イエス・キリストが歩いてきた道だ、とか感動している。えらく感動しているから、「それだったら、あなたクリスチャンなんだから、信仰と舞踏がどういう関係にあったのか、やるべきですね」と言ってみたんですね。それで『死海』をやろうということになった。そのときに、「幼稚園のときはロシア正教に通っていた」、「じゃあロシア正教の賛美歌を使おう」とか、そういうやりとりをしましたね。

あと、「祈りとは何ですか。クリスチャンなんだから、どっかで祈っているんでしょう」と聞いてみたこともありました。「あまり教会で祈るのは好きじゃない。牧師さんのいるところで祈るのは好きじゃない」、「でもどこかでひっそりと祈っているんでしょう。それを見せてもらいたいなあ」。そういうやりとりをしょっちゅうしていましたよ。でもときどき、「それだと嘘くさいよー」とか、言っちゃうんですね(笑)。

樋口　立てなくなってから、一雄さんと慶人さんの共同作業がはじまっていく。お弟子さんたちの力も借りた、群踏といったらいいんでしょうか、お二人にして可能な世界が立ってきた。ぼくは新しい「創造」の始まりとして見続けなければと思って見ていました。

慶人　よく竹を立てて持って稽古します。体は「空だ」から始まりました。『竹取物語』で竹から赤ちゃんが生まれたでしょう。竹の中は空です。弟子が竹を持って立って竹林をつくる。そこで大野一雄が踊る。本質と存在の出会いが生まれるのではなく、始まりを考えていました。

「時の風」を感じながら

樋口　最初に見ていただいた映像『石狩の鼻曲り』の中で、アイヌの鮭をかつぐ動きが出てきましたが、九月の石狩川というのはちょうど鮭が産卵のためにいっぱい上がってきて、大量に穫れるわけです。そういう場の力のなかに入って自分の舞踏を立ち上げていく、そういうところも大野一雄さんにはありましたね。ここで大野さんが鮭をどのように見ていたか、この公演をめぐっての大野さんの言葉を紹介します。

鮭は宇宙の秘儀、生命の源泉を求めて川を遡る。生命の神秘。人間の精子の、胎を遡る狂気と同じだ。卵子と精子が結合したとたん、受胎した卵子は、新たに成立した生命体は、クルクルっと回転する。自立するエネルギー。命を大切にする感情の成立を示唆してくれる。永遠を希う愛の絶対性。自然の源泉の中に技術の最高の基礎を見出すことになる。命の問題、魂の問題は技術と異るが、魂にだって魂の物理学、魂の化学があるように、魂の技術だってあるはずだ。人間の考えることだから仕方ない。言いようがない、言いようがわからない

『大野一雄　石狩の鼻曲り』かりん舎

慶人　ぼくは公演の当日に行ったようなものですが、大野一雄は一年前ぐらいに樋口さんと下見に行っているんですね。アイヌの方々に鮭の彫刻を十本ぐらい注文して頼んできているんですよ。私が行ったときにはそれができていたわけです。それを吊り下げて踊ったんですね。そういうことによって、一年ぐらいかけて思いをためていったんです。中学のときには北海道をずっと旅したと言っていました。

樋口　晩年、戦争に関わる兵士の踊りをもう一度考えられていたようですが、実際の戦地では、単なる一兵士というよりは隊長クラス、かなり責任をもった兵士だったと聞いています。

慶人　体育大学を出ますと、下積みをやらないんですよ。最初から少尉という将校になっちゃうわけですね。だんだん下から上がっていくのではなくて、最初からそういう位にいて、戦争が終わったときは大尉だった。その上になると少佐、中佐、大佐、少将となるんですけど、それでよかったんですね。それ以上いくとね、もっとたいへんなことになっていたでしょう。おそらく一年ぐらいでは帰ってこれなかった

でしょうね。

樋口　われわれは少尉といっても現実を知らないのですが、下士官で、一兵卒から見ればたいへん高い位ですよね。上官として部下を無事日本へ帰すのだ、という責任感を感じていたということをうかがったことがあります。それが「水母の踊り」という鎮魂の踊りを模索した大きな理由だったように思えます。

慶人　中国に行ったときに、下の位に芸大を出たピアニストがいたんです。それで、「お前、伴奏しろ」と言って、踊ったらしいんですよ。その方にとって相手はとにかく将校でしょう。とにかく震えるような思いでピアノを弾いたっていう（笑）。戦後、その方と組んでずっと踊っていましたから。土方さんの『禁色』でハーモニカを吹いたのもその方（安田収吾）ですし、芸大のピアノ科を出ているから腕はたしかなんですよ。そういう運命的な出会いというのがあるんですね。

樋口　運命的な出会いといえば、土方さんと慶人さんもそうですね。先ほどの舞踏のなかにも土方さんの振付が入ってました。

慶人　あれは土方さんが亡くなるすぐ前だったのですが、ぼくに三つほど振り付けてくれたんです。「慶人さんね、ショパンだって二百年だろ。舞踏もこのまま消えたんじゃいけないから、あなたにこれを三つ振り付けるので伝えてくれ」と言うんですよ。ぼくは仰天しましてね。「舞踏は消えるから美しいんだぞ」といつも言っていたのに（笑）。

それでね、言葉でくくりつけられているから、自分がいろいろと変わってくるとね、解釈が変わってくるんです。たとえば、「慶人さん、秋草を踏んで歩いてよ」と。「秋草ですか、はい」ということで、ただそれらしくやっていたんですよ。そしたら、「遠くの葦の沼を見て。また秋草を踏んで。歩いて、止って遠くの葦の生えている沼を見て。一羽、鳥が空へ飛んで行ったよ。空を見る。もういいだろ、滝になれ」

なんて言うんですよ（笑）。「滝か、華厳の滝ですね」と言って、固くなって「滝ー、滝ー」とやるんですよ。すると今度は、「死の匂い」と言う。何か死の匂いがあるのかなと思ってやっていたんですが、とにかくそういう振付ですからね。

ぼくはお墓を掃除しに行ったときに、しばらく座ってですね、「死の匂いというのはどういう匂いなのかなあ」と匂いを嗅いでみましたけど、「もしかしたら物質的なものから気化する肉体のことを言っていたのかもしれない。それが死の匂いなのかもしれない。ただくんくん嗅ぐ匂いのことじゃないのかもしれない。肉体のことを言っていたのかな」なんてあとで思ったりなんかして、じゃあもう一回やらないとダメだなと。やるたびにね、そんなふうにだんだん思うんです。だから終わらないんですね。

土方さんが最後にそうやって振り付けてくれたのが、「時の風」という今日踊ったやつで、だから毎日「時の風」なんですね。そのときの時代の「時の風」がありますから、それを感じさせるかどうかということだけです。いつも「時の風」を感じながら踊るようにしています。

大野一雄師を送る

樋口　大野一雄さんは、「命」ということをつねに語っていて、それも「死後なお成長する」という言い方や、自分はお母さんに命をもらって、連綿とつづく命のなかで踊っているんだという言い方で語っていました。大野さんにとって「世界を感じる」とはこの世界の森羅万象だけでなく、先ほどの鮭もそうでしたが、生以前や生以後を含めた世界だったのでしょうね。

慶人　「お母さんが命の食べものを子どもに与える。子どもはそれによって成長していく。そして、お母さんは死の方へ向かっていく。だから私のなかには死と生がともにあるのだ」とかね。そういうことを日常的に言っていたんです。外国では「あなたの舞踏とは何ですか」と言われると、「私の舞踏はですね、命を大切にすることです。自分の命はもとより他人の命もですよ」と言うんですけれども、通訳する人が困ってね。命を大切にするということは、ただケアすればいい、命を大事にすればいいということではなくて、命そのものが大事なんだということですね。やっぱり戦争を体験してきたいろいろな人生の過程でそういうことを感じたんでしょう。

吉増 そうでしょうね。ブラジルのお弟子さんでリジアさんという若い女性がいて、その方の子どもが産まれてきたんですが、死産だったんですね。おそらくそれを大野先生がそばにいらっしゃって見たんだろうなあ、……。「指があるんだよね」とおっしゃって、その指をご自分で新聞紙と針金でつくられるのね。らそういうところに触れるような生と死なのね。それはとても感心しましたね。

慶人 このあいだ、リジアさんのだんなさんが東京大学に教えにいらっしゃって、うちに来てくださったんですけれども、「あのとき、お葬式に出てくださった」と感激されてました。

吉増 次の子は目の見えない子が生まれて、その子は慶人さんもよく助けてくださったけれども、大野一雄先生がずいぶん心配して助けてくださったなあ、……。ほとんど唯一の力を注いでくださった。そういうことをやるんですよね、オーノさんは。それも、カズオ・オーノが、独特のニュアンスを込めていってられた「学習」のひとつ。それが〝魂の学習、……〟だったのですね。

慶人 その盲目の赤ちゃんは、いま二十歳の青年になってピアニストになっています。お母さんはその子を治すためにいっぱい努力して、いまは領事館に勤める外交官になっている。そのだんなさんはブラジリアという首都の大学教授になっている。たいへんな努力家で素晴らしいことですね。

吉増 さて、では二日前に一所懸命に書いたものですが、どうしてか、音声化をここでしてみたいので読ませてくださいますか。
「大野一雄師を送る――カズオ・オーノは、宇宙の（……Asia's）浮子《うき》だ（ツタ、……）」（初出は『en-taxi』二〇一〇年夏号）。おそらく「兵隊たちに食べさせるために大きい魚を釣ったんだ」などとおっしゃっていたり、釣りのイメージがあったんだな、……。
この〝浮子《うき》〟が出て来たときに、なんともいえない、これだ、……という感じがしていてね。そのものだけではなくって、言語の出現の仕方がね、……。

大野一雄師を送る――カズオ・オーノは、宇宙の（……Asia's）浮子《うき》だ（ツタ、……）

〝蟲《ムシ》送り〟ということ、……（行事だったのか、舞台だったのか、イベントに参加されてだったのか……）に出掛けられたときの大野一雄さんの姿が心に浮かぶ、……と綴ってみて、そうして、しばらく考えていた。〝そうだよな、……土方巽さんとは、ここが、……ずいぶんと、だいぶ、違うところだったよな、……〟と、低いところで誰かが、ツブヤキテ（粒、焼、居、手）いる。そのツブヤキにそ（草、送、副、……）うようにして、記憶の細道を、辿って行ってみると、（――ここから、さらに脇道に外れて行きますが、先述の八戸の「飢餓の木」展のための「メモ」を綴っているときでした。幾度かにわけて、この注の細道を追記して行きますが、このすぐあとでの発語〝カズオ・オーノは、宇宙の浮子《うき》だ、……〟に呼応するようにして、〟土方巽は、怖ろしい鎌（カマ）だった、……というヴィジョンに近い光が立つということがありました、……。）いつだったか、大野さんが、〝蟲送りに行くのですが、……〟といわれた折りの少し、（弾む、…というよりも、…）ふ、く、ら、ん、だ、……（expand……）あるいは、浮子《うき》のようになったお声、……というのよりも空気の混合が浮かんできていた。〝えっ、浮子《うき》、……〟この呟きor小聲は、もう、大野一雄氏の幼少のときのことと、南方に従軍されていたときの幽かだが、決定的な聲の掠《かす》れの入交《いりまじ》りであったのではないか！そうして、わたくしもまたもう幾度、にしたか知れやしない。「石狩の鼻曲り」（一九九一年石狩河口に、中森敏夫さんらの舞台づくり、夕日、タイフーン、……）での仮の楽屋の戸口のようなところに、聖なる？鮭を吊るしてられた、その戸をその空気を掻き分けるようにして、薄いイタの舞台に向かわれたときの、……あの鮭も浮子《うき》でつながっている。そう、大野一雄は宇宙の（○「、」Asia's、……）浮子《うき》だった！うら若き才能文月悠光さんがビデオを見られて、〝私は鮭をねじ込まれる地面の気持ちになった〟、……と、咄嗟に思ったことも、大野一雄の浮子の沈みのおもさかるさにつながっていた。わたくしたちのおそらく誰もが大野一雄に覚える、沈みや沈み紙や（ナンダ、コノ〝沈み紙、……〟って?!アレこれは?!〝古新聞紙？〟）御膳や御箸のおもさかるさ、大野一雄が生涯をかけて引張っていった、みえないがみえる艫綱《ともづな》、……であったことを、知っているのだ、誰もが、……。

そうか！（ナンダ、コノ〝沈み紙、……〟アレ〝古新聞紙？〟）この、不明の驚きの言葉も、これも、大野一雄が生涯かけて引張っていった（針金と古新聞紙で括った、……オーノさんの手仕事、……オーノさんの）手というよりも、焼け焦げた巻紙の聲（……小声、）であったことが判る。〝蟲《ムシ》送り〟（稲などの害虫を追い払うための農村行事。夜、村人が松明（たいまつ）を焚き、鉦（かね）大鼓を打ち鳴らしながら、虫の霊が移るとされるわら人形を村境まで送り、川に流したり焼き捨てたりする。多くは五～八月に行われた。稲虫送り、実盛送り）、……辞典の記述を書き移しながら、この〝移す〟〝送る〟のところで、深く孤獨で、……獨りでもあったことだろう、仮初めのボイラーマンのカズオ・オーノさんは、ここで、きっと、項突《うなづ》かれていたことだろう。ことに〝送る〟のところで「生者の行進、死者の行進」を、思い描かれていたであろうことは疑いない、……と思われてきていた。亡くなられた、二〇一〇年の六月一日から、幽かに幽かに、けぶりのように、この〝送る〟の火や土や火辺の竈《かまど》の煙りを、……思い（おもひ、……）というものは、わたくしのようなもののなかでも〝蟲送り〟しつづけていたものらしい。（——脇道は、意外なところで、道路《ミチ》を隣するともいえそうな錯綜を呈しつつあったのかも知れなかった。八戸での「飢餓の木」参加のための「裸メモ」を綴りつつ、豊島重之氏が引き出した、黒田喜夫、――〝寒風の一夜、黒田の母親が戸外に鎌を立て、刃先を風立てに向けて「ホッホー、ホッホー」と叫んだという黒田の幼児記憶、……〟その鎌（カマ）が、土方巽の「鎌鼬」であるよりも、……、〝甕（カメ）の水を鎌（カマ）で切って遊んでた、……（土方）その〝鎌（カマ）のヒカリの怖ろしさ、土方心中の恐怖に接したと思う刹那があって、そのときオーノさんの浮子《うき》とヒジカタの鎌（カマ）が釣合う、……というよりも平行するヴィジョンが生じていた、……と申し上げることによって説明が叶ったのだろうか、……。この、わたくしたちが〝**送りつつ**、……〟ある、火と土の、火辺、竈《かまど》の煙りの向うに、こうして思いがけない光景が顕ってこようとしている……。）

ハイヒールの音がする。その下板《したぞこ》の〝蟲送り〟、オーノさんのお母様の、大切だったチエ夫人の〝ガッポ、ガッポ〟、ラ・アルヘンチーナ（joyfulness ecstasy……）カズオ・オーノの足音の下から、えッー〝蟲《ムシ》女〟〝蟲の女〟たちが、見上げてる。また、ハイヒールの音がする。Elvis Presley も play boy も、精の蟲だ、……。獨り、獨りで、**学習**をし、何処へでも出掛けて、……**送る**ということをされた、巨人オーノ・カズオをいまわたくしたちが送るのだ。

（――この脇道、杣道の記述は、さらに続いて行くことだろう……二〇一〇・八・一五記）

大野　今日一緒に踊ったお人形は、ディエゴさんという、うちにも来ていたことがある有名なダンサーの友人の女性アーティストが、おみやげとして持って来てくれたものなんです。しばらくずっと眺めていたところ、ある日、「あれ、指に入るな」ということで踊り出したんですね。このあいだ六月一日に父親が亡くなったあと、またディエゴさんが来られたんですよ。それでこの両面あるお面を、また持ってきてくださったんです。そういうご縁で知らず知らずのうちに踊ることになったんですけれども、もう一度見ていただくために、今日は大野一雄がよく踊ったマリア・カラスで最後を締めさせていただきます。

樋口　長時間、ありがとうございました。

（二〇一〇年七月十四日、於 銀座ＢＬＤギャラリー）

踊る大野一雄

大野一雄『ラ・アルヘンチーナ頌』1977 年。撮影：池上直哉

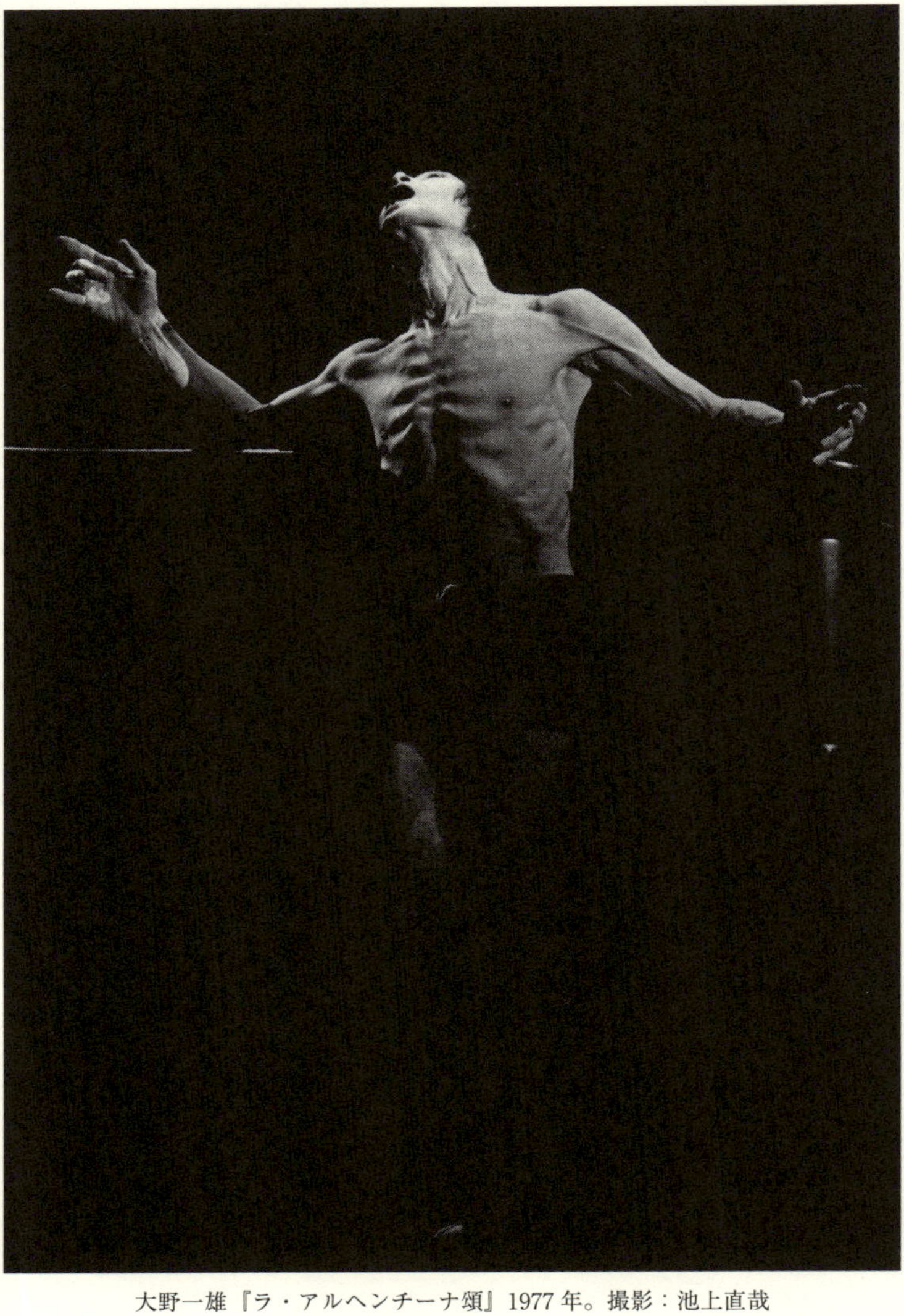

大野一雄『ラ・アルヘンチーナ頌』1977 年。撮影：池上直哉

大野一雄『死海』1985年。撮影：池上直哉

大野一雄『睡蓮』1994年。撮影：池上直哉

大野一雄『花火の家の入口で』1996年。撮影：池上直哉

大野一雄『花火の家の入口で』に出演した*Marilya*。1996 年。撮影：池上直哉

「大野チエさん追悼前夜祭」1997 年。撮影：池上直哉

大野一雄の踊る手

大野一雄「手の舞い」

大野一雄「手の舞い」

大野一雄「手の舞い」

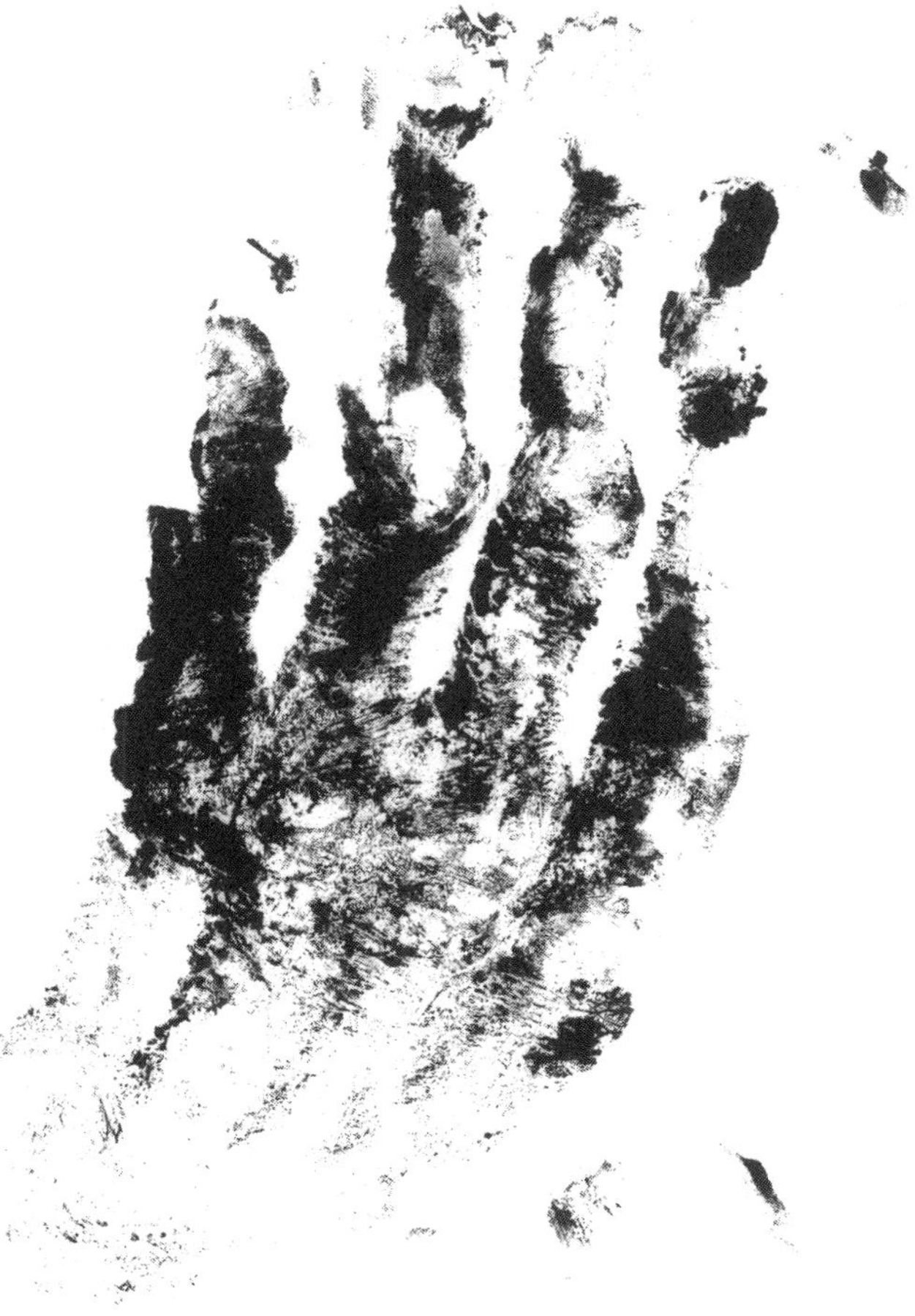

大野一雄「手の舞い」

吉増剛造・樋口良澄『木浦《もっぽ》通信』のために、2008 年 12 月 5 日、吉増剛造、樋口良澄、矢立丈夫が上星川の大野宅を訪れて作成した「掌の舞踏」

「吉増剛造舞踏関連年譜」

本年譜は本書に登場する舞踏家たちの活動、そして吉増の日記を収録する『木浦通信《もっぽ》』（矢立出版、二〇一〇年）の舞踏公演に関する部分を合わせて作成した。『木浦通信』からの引用は教科書体で示している。注は編集部。

一九〇六年　大野一雄、北海道に生まれる（明治三十九年）
一九二五年　及川廣信、青森に生まれる（大正十四年）
一九二八年　土方巽、秋田に生まれる（昭和三年）
一九二九年　大野一雄、帝劇でアルヘンチーナを見る
一九三八年　大野慶人、東京に生まれる
一九三九年　吉増剛造、東京に生まれる
一九四三年　笠井叡、三重に生まれる
　　　　　　中嶋夏、樺太・サハリンに生まれる
一九四六年　大須賀勇、広島に生まれる
一九四七年　室伏鴻、東京に生まれる
一九四九年　大野一雄、第一回現代舞踊公演
一九五一年　雪雄子、東京に生まれる
一九五七年　吉増剛造、慶應義塾大学文学部入学。『三田詩人』参加
一九五九年　土方巽・大野慶人『禁色』（舞踏の始まりと言われる）

一九六〇年『土方巽DANCE EXPERIENCEの会』公演。大野一雄・慶人、石井満隆出演
一九六一年　吉増剛造、岡田隆彦らと詩誌『ドラムカン』創刊
一九六三年　土方巽『あんま』大野一雄・慶人、笠井叡出演
一九六四年　吉増剛造、美術雑誌『三彩』編集部。第一詩集『出発』
一九六五年　土方巽『バラ色ダンス』大野一雄・慶人、笠井叡、石井満隆出演
一九六六年『笠井叡処女璃祭他瑠《リサイタル》・舞踏集第壱輯磔刑聖母』
一九六七年　中嶋夏、第一回公演『女達』（土方巽演出）
一九六八年　中嶋夏、霧笛舎結成
笠井叡『稚児之草子』
土方巽『土方巽と日本人 肉体の叛乱』

一九六八年
（八月三十一日、厚生年金小ホールでの、……）笠井叡舞踏公演に衝撃。女友達、I・Yさんと。
（注：一九六八年八月『稚児之草子』新宿厚生年金会館小劇場）
（注：十月［八〜九日］、日本青年館での舞踏公演『肉体の叛乱』を観る。激しいエロスの噴出を体験。——「年譜」『裸形の言ノ葉——吉増剛造を読む』より）
一九六九年　中嶋夏『麗子像』
一九六九年
二月　座談会『肉体と言語活動をめぐって』天沢退二郎、金井美恵子。（現代詩手帖九〜十月号）桑原茂夫氏
一九七〇年　吉増剛造『黄金詩篇』で高見順賞。米国・アイオワ大学招聘

一九七〇年

十月　土方巽『骨餓身峠死人葛《ほねがみとうげほとけかづら》』（劇団人間座公演、脚本山田正弘、野坂昭如原作）を新宿アートシアターで見る

一九七一年

吉増剛造『頭脳の塔』

一九七二年

土方巽「疱瘡譚」（『四季のための二十七晩』）

中嶋夏・吉増剛造『人形劇精霊棚』

磨赤兒、ビショップ山田、室伏鴻、大須賀勇、谷川俊之により大駱駝艦結成

雪雄子、大駱駝艦に参加

室伏鴻編集で『激しい季節』発行

一九七二年

十月二十五日『人形劇精霊棚《にんぎょうげきしょうりょうだな》』（池袋パルコで）のための詩作開始。書店で「日本の天文学」「植物のための生」「梁塵秘抄」、古書店で「宮古島の神歌」などを買う。主旋律は超惑星的な朝と決められた。盗みとる古調、古代歌謡、梁塵秘抄は呼び水にすぎず、こちらの戦慄を創始できるかだ、……。

リズムの魔に吹かれて恋の山にいたる

1972.10.25「人形劇精霊棚」のための詩作開始。書店で「日本の天文学」「植物のための生」「梁塵秘抄」、古書店（白樺書院）で「宮古島の神歌」などを買っている。主旋律は超惑星的な朝と決められた。盗みとる古調、古代歌謡、梁塵秘抄は呼び水にすぎず、こちらの戦慄を創始できるかにかかる。やがて、数日後、白ーーー赤、白濁の川を渡り、一気に二百行進行、ようやく古調のリズムの呪縛からのがれられるか。なぜか、いよいよ本当の長口舌がはじまり、素晴らしい予感がある。しかし、今度は別の怪物に追われているようだ。「人形劇精霊棚」の台本（資料）としてイメージを作るため詩

を見せる必要があり、至急清書して三百八十行をコピーする。全く完成せず、気分暗澹たり、夢のなかで頭脳は詩作していて、やがて例によって詩作に熱中すると必ず起こりつづける発熱がやってきて、悪夢の夜々はつづき、恐ろしい速足で、すでに「人形劇精霊棚」上演前夜となる。翠川敬基、藤川義明のベース、クラリネットと一度朗読を試みると、「梁塵秘抄」の言葉を使った〝揺《ゆ》りかう揺《ゆ》うられ〟のあたりに不思議なリズム、声の魔の湧きだしをみる。お経だ、チャントだ。しかし真の魔力は私自身には一回かぎりで、本番はその記憶を追って、なぞってゆくことになる。こと新鮮ということに関しては、ここにリズムの魔力、一回性の秘密があるようだ。詩の一瞬の魔が天空を飛翔している。桑原茂夫から人麻呂の長歌を詠めとの暗示があり、ここから再度リズムの魔に吹かれて、何物か、いずれへか、不明の登高ははじまっていった。

1973.2.2『ユリイカ』一九七二年三月号

桑原茂夫、宮園洋、林静一、矢野英征《ひでゆき》、中嶋夏さん、音楽／藤川義明、翠川敬基氏と、「人形劇精霊棚」

注：吉増剛造が初めて舞踏家と関わった舞台。当時、『別冊現代詩手帖』編集長の桑原茂夫と宮園洋（当時、池袋パルコ内にあって、思潮社が運営していた詩書専門店ぽるこ・ぱろうるの店長）上野昂志《こうし》、の企画・制作により、池袋にあったパルコのフロアで上演された。後に渋谷にできたパルコ劇場や池袋のスタジオ二〇〇とは異なる二百名程度の小劇場。画家の林静一が舞台美術、矢野英征、霧笛舎を主宰していた中嶋夏が踊り、ジャズの藤川義明がクラリネット、翠川敬基がベースで音楽を演奏した。なお、矢野英征は六十年代から前衛舞踊、舞踏家とのコラボレーション公演を行い、フランスに渡って活躍し、ヌーヴェルダンスに大きな影響を与えた。ヌーヴェルダンスはその後、コンテンポラリーダンスとなったので、その始まりに日本人の矢野英征が寄与していることになる。中嶋夏はこの前に唐十郎の劇団状況劇場に参加、土方巽に師事し、舞踏家として活躍していた。

（注：一九七二年十月二十五日？「疱瘡譚」『四季のための二十七晩』「最初の『疱瘡譚』だけ見た」「燔犠大踏鑑」『美術手帖』一九七三年二月号）

一九七三年　吉増剛造『王國』
　大駱駝艦『陽物神譚』室伏鴻、土方巽出演
　大駱駝艦『金魂鳥亞レシアン島八咫』室伏鴻出演

一九七四年　吉増剛造『わが悪魔祓い』
　大駱駝艦『皇《すめら》大睾丸』室伏鴻出演

一九七五年　雪雄子、ビショップ山田と北方舞踏派結成

一九七六年
五月一日から五日　目黒の「アスベスト館舞踏合宿」にて朗読

一九七七年　大野一雄『ラ・アルヘンチーナ頌』
　笠井叡『聖霊舞踏』刊行

（注：一九七七年　大野一雄『ラ・アルヘンチーナ頌』：「第一生命ホールには私も隅か後ろにおりましたけど」（追悼鼎談）」

一九七九年　吉増剛造『熱風 a thousand steps』で歴程賞。米国・オークランド大学客員助教授

一九八〇年　大須賀勇、京都で白虎社結成

一九八一年　大野一雄『わたしのお母さん』

一九八二年
八月二十五日　大須賀勇率いる舞踏集団白虎社の野外練習を見た。そこに参加した吉増剛造、マリリア夫人の詩の朗読ともども大変興味深いパフォーマンスだった。（長尾一雄氏）

八月二十五日の午後、鞍馬山の山裾にある尾越の渓流に近い北山杉の斜面で、後には渓流のただなかで、妖精の男女が群れ踊った。大須賀勇率いる舞踏集団白虎社の講習会に応募した人々の壮大な野外練習であった。(中略)吉増夫妻の詩の朗読が行われたのは、翌二十六日の朝のことだった。はじめマリリア夫人が英語で吉増の短詩のいくつかを読み、次いで吉増自身が「恋の山」を、そして夫妻の「同時通訳的」デュエットで、「老詩人」が読まれた。(中略)ほとんどそれは詩句を超えて、**声そのものによって創られた超詩的世界とでも言うべきものであり、**詩のなかの文字は声を出そうとする意思の場において一瞬死に、声の中で小麦の稔りの色に復活するかのようであった。日本人の剛造にとっては洪水のひたむきな流れのように、世界人のマリリアにとってては太陽かもしくは月のあまねき勝利感のようにいずれも「ことば」を生んだところの「自然」に対するひたむきな恋のいとなみのようにして、詩は私たちの耳に再生してくる。締め切った廃屋のような空間でのこの広い開放と、前日の川と杉と草のただなかでの古代妖精の乱舞とは、芸術のための常識的な環境を超えた、ユニークな芸術家たちの、自然への新たな讃歌として共通した精神を持っているように思われる。大須賀勇という舞踏家と吉増夫妻の結びつきからは芸術の未來のひとつの像が見えるように思えた。

長尾一雄『海』一九八二年十二月号

一九八三年　土方巽『病める舞姫』刊行

一九八四年　吉増剛造『オシリス、石ノ神』で第二回現代詩花椿賞

一九八五年　大野一雄『死海』
白虎社『ひばりと寝ジャカ』

一九八五年
二月　大野一雄公演『死海』を朝日ホールで見る。
四月　大野一雄氏宅にて対話「死海の水」（現代詩手帖五月号）、樋口良澄氏と。
（注：録音されたテープによると三月九日）
一九八六年　土方巽逝去
白虎社、台湾国際舞台芸術祭参加
一九八七年　吉増剛造、城西女子短期大学客員教授
　大野一雄『睡蓮』
一九八七年
土方巽氏の『慈悲心鳥がバサバサと骨の羽を拡げてくる』（映画『風の景色』より、命名吉岡実氏）土方巽の心の舞踏を筆耕しはじめる。
一九九〇年　吉増剛造『螺旋歌』で第五回詩歌文学館賞。写真展「アフンルパルへ」
一九九〇年
一月十一日〜二月二十八日　広尾 白桃房での写真展（初個展）「アフンルパルへ」（広尾・ギャラリヴェリタ）
二月二十日　空を飛ぶ／舞踏　……大野一雄さんに聞く日、数百人の会場で入り切らず大野一雄先生の踊りと語りの会を二回に。
一九九一年　大野一雄『石狩の鼻曲り』
一九九一年
写真展「アフンルパルへ」札幌展（札幌・Temporary Space、中森花器店）
二月二十八日　踊る／身体の声——大野一雄さん（舞踏）と。

四月二十八日　大野一雄先生のお宅に招かれ、樋口良澄、中森敏夫氏と。
九月　大野一雄石狩河口野外公演。樋口良澄企画立案。
九月十四日　大野一雄氏×吉増剛造の対話、石狩能量寺本堂。
九月十五日　大野一雄舞踏公演「石狩の鼻曲り」を寒風夕陽のなか、約二百名の観客とこの記念碑的な夕べを石狩川河口の土手から見る。（後にかりん舎より刊行）
十二月十三日「マリリアコンサート」ゲスト舞踏・大野慶人さんと大野一雄先生のItalyとIsraelのお弟子さん、スタッフは中学校で問題を抱えている公演の手伝いをした中学生達、トイレで煙草を吸っていた子にも大野先生は優しく励ましてくださる（横浜市教育文化会館／矢立出版主催）。

一九九二年　吉増剛造『八月の夕暮、一角獣よ』

吉増剛造、サンパウロ大学客員教授

土方巽・吉増剛造『慈悲心鳥がバサバサと骨の羽を拡げてくる』

一九九二年

一月二十一日　筆録／土方巽『慈悲心鳥がバサバサと骨の羽を拡げてくる』宇野邦一、鈴木一民、大泉史世さんと。書肆山田。

六月　大野一雄先生、慶人氏とSão Pauloの公演にて再会、――。

一九九三年

十一月　Brasil、舞踏家リジアさんの子息のトマス君の目、New Yorkで日本人医師の手で手術し光がかすかに見えるようになる。大野一雄先生がこの愛弟子の治療で支援された。

一九九四年　大野一雄、『現代詩文庫116 続続・吉増剛造』に次の文章を寄せる。

「幾億光年の時の丘陵も木陰にほつとかがやくようでした」、よろこびの涯、悲しみの涯。肉体論についての魂の「学習」は死んでからもだよ！

「未知の切り岸に蛇や葛は組み込まれ宇宙は絡み合って立っていた」。翩翻と………もう直ぐ生まれるのかな。

時でもないのに雷鳴とどろく………やってくるぞ………雨　雨　雨………

天へ伸びる茎。空いっぱいに戸惑うくさむら。私は眠りの中なのに何かをぶらさげて歩いていた。魂の覚醒。ぶらさげていたのは何だったのか。黄河のほとりを土手にそって歩いていた時、聴こえてきた異様な響き。カリ、カリ、カリ。

何の音かと思って振り向いたって？　嘘だろう、お前は知っていた。お前にだけに聴こえる音。お前にだけ聴こえる音。


『現代詩文庫116　続続・吉増剛造』思潮社、一九九四年

一九九四年
四月八日　大野一雄舞踏『睡蓮』公演。藤沢市民ホール。
九月二十日〜二十四日　釧路へ。釧路湿原での大野一雄氏とのコラボレーションを。ＮＨＫ衛星放送のために。
九月二十三日　大野一雄舞踏公演『ラ・アルヘンチーナ頌』を見る。
十一月七日〜十二月三日「石狩河口／座ル」展第二回（札幌テンポラリースペース）。
大野一雄氏との釧路湿原でのコラボレーションと対話。撮影。ＮＨＫ　ＢＳ放送『現代詩実験室、疾走する魂／吉増剛造』として放映。「グループ現代」（小泉修吉、田野稔、西条美智枝さん）と林浩平氏の計画立案により、以後ＮＨＫ番組出演が度々となる。

十二月一日　東京デザインセンターに於いて、荒木経惟、澤田陽子、八角聡仁氏企画の『彼岸から』。大野一雄、荒木経惟、マリリアさんとコラボレーション。二重録音の「石狩シーツ」をアラーキーの写真、オーノさんの舞いと襲《かさ》ねる。
十二月六日　再び、石狩川河口へ。
一九九五年　吉増剛造『花火の家の入口で』、NHK・ETV特集「芸術家との対話」大野一雄他。CD『石狩シーツ』
笠井叡『我が黙示録』
一九九五年
四月二十一日　石井満隆舞踏公演（STスポット、主催・矢立出版）を見る。
六月七日　NHK教育テレビ『ETV特集・芸術家との対話』。
第一回大野一雄、奄美の島尾ミホ シリーズ「詩人・吉増剛造、芸術家との対話①　魂の旅」放映。
七月八日　笠井叡舞踏公演を見るために湘南台へ。
（注：一九九五年七月、『我が黙示録』湘南台文化センター市民シアター）
七月十日　学習院大学の尼崎彬教授研究室に於ける土方巽『病める舞姫』購読（合田成男氏）の会に林浩平氏にともなわれて出席。
十月十四日「公開講座＝舞踊の発見――〈踊り〉とは何か」林浩平氏と。（東横学園女子短期大学）
十二月十二日　『花火の家の入口で』出版記念パーティー。お茶の水、山の上ホテルで。舞踏大野一雄先生、十六弦琴沢井一恵、乾杯の音頭を岡田隆彦。挨拶は岡野弘彦、高橋睦郎、島尾ミホさん（安原顯氏と）、荒木経惟氏ほか。
一九九六年　大野一雄・吉増剛造『花火の家の入口で』

一九九六年
七月十六日　『花火の家の入口で——吉増剛造とマリリア公演』（横浜STスポット、音響・川崎克己、矢立出版）満員のお客様。
七月二十四日　Brasil の舞踏家リジア氏の舞台を見るために大野一雄先生ご夫妻、マリリアさんとともに横浜STスポットに行く。矢立氏の手で一週間しかない時間で舞台制作。家族、ご主人、幼いトマス、そして恩師の大野一雄さんの前で、リジア舞踏記念講演（横浜・STスポット）。終わってからお客様たちと祝宴を行う。
九月一日〜二日　大野一雄・慶人舞踏公演『花火の家の入口で』（マリリア・歌、吉増剛造・詩朗読、三宅榛名・ピアノ、シアターX（カイ））。
九月三十日〜十月二十七日　NHKテレビの番組『わが心の旅』『Brasil の俳諧』の取材のために三週間マリリアさんとともに Brasil へ。大野一雄の弟子舞踏家リジアさんの奔走で、Brasil・ブラジリアで「マリリア・吉増剛造公演」。
一九九七年
四月より　NHK文化センター青山教室で講師。「対話と創造——現代詩ワークショップ」ゲストに、
九月九日は大野一雄さん。
六月十日〜七月十二日　写真展『心に刺青をするように』（広尾・ギャラリヴェリタ、松原彩火氏
◇「白桃房、土曜日の会話」（構成・司会　八角聡仁氏）
七月十二日「北方の、遠いものの音—昔恒星が一つ来て　……元藤燁子（土方巽夫人）に聞く日」
六月二十九日　大野一雄氏夫人ご逝去。矢立丈夫氏とお通夜へ。稽古場の盛大な献花と遺影の前で大野一雄先生の追悼の踊り。
十一月〜一九九八年三月　NHK文化センター「詩と詩人と風土」講師。（中略）土方巽（中略）など。

一九九八年　吉増剛造『「雪の島」あるいは「エミリーの幽霊」』で芸術選奨文部大臣賞

一九九九年　吉増剛造『死の舟』

一九九九年

「詩／ミルク（「彌勒」、……）の耳の手／O氏の舞踏」（FRONT一月号）

五月十九日　上星川の大野一雄先生のお宅に。

二〇〇二年　吉増剛造『The Other Voice』『ブラジル日記』

二〇〇三年　吉増剛造、紫綬褒章受章

二〇〇四年　吉増剛造『ごろごろ』

二〇〇五年　吉増剛造『天上ノ蛇、紫のハナ』

二〇〇六年　中嶋夏『根も葉もなく…夢と破棄』

吉増剛造「*gozoCiné*」『まいまいず井戸』、城西国際大学人文学部客員教授

二〇〇六年

ブラジル訪問。（古都Paratiで『現代詩手帖』への詩篇＝Harolde de Compos氏に。そして次の「アフルパルへ」の詩篇をAtlantaで書き了えて、フト詩を書く手がとまる。*gozoCiné*（まいまいず井戸、松島、EffEI、Claude、熊野）。

（以下詩）（前略）

〝muito sozinho／とっても、淋《サミ》シ、ネク、テ根〟ハ（2006.8.9 BrasiliaのLiveraria Culturaの「千々に砕けて」、講演の枕言葉に、ご挨拶を、替わりに、してもらった……）土方巽の、言葉だ、け、れ

（零）、ど（度）＊＊＊

（以下略）

（注）

＊＊＊土方巽、生前の声。映画『風の景色』より。作者は、この声のテープを常に携帯。

夏は、夏は、稀代のダンサーであった。

（中略）（注：本書一三〇頁）

そうよ、（少女）夏は恋の巣だ！ダツタよ、ダンス。ダツタよ、ダンス。

（舞踏公演チラシより）

十二月二十二日　北海道大学遠友会館にて、石塚純一、千恵子さんの「グラヌールの夕べ」で工藤正廣氏と対話、中村達哉氏（Dance）（注：大野一雄に学ぶ）。gozoCiné上映。江原光太氏、中森敏夫さんらと。

ほっかい（え）どうの ねのくにへ

二〇〇七年　X'masと「グラヌール」九号のお祝い。横浜関内の石塚純一、千恵子さん宅で、千恵子（旧姓田中）さんのお父上名優田中邦衛氏とお会いして感動をする。中村達哉さん舞って下さる。

二〇〇八年

十二月五日　大野一雄師宅（横浜、上星川）へ。『木浦通信』矢立出版二〇一〇年刊行、菊地信義氏装本の表紙に、ぜひ先生の〝手の舞い〟という願いを、大野慶人さん、お聞きとどけてくださり、樋口良澄、矢立丈夫氏とお尋ねとなった。先生の身体に光、――。

二〇〇九年　吉増剛造『表紙』で第五十回毎日芸術賞受賞。『キセキ―*gozoCiné*』

二〇〇九年

二月二日　横浜、上星川の大野一雄先生宅へ。慶人さんのお話を伺うために、矢立丈夫さんと。

二月四日　野村喜和夫、城戸朱理氏による「討議現代詩」の第三回西脇順三郎にゲストとして参加。

（中略）

……このところ百三歳の大野一雄さんに二回ほどお会いして、もうベッドで仰臥された大野さんの傍にいると、頬とか咽頭仏にね、血が通っていて、ぽっと赤くなっているのがわかるのね。内心を言葉にすると、〝あぁ、これが舞いだ、……〟と聞いたのね。きっと今年百歳になるレヴィ＝ストロースもそうでしょうね。（後略）

二〇一〇年　二月二十二日『キセキ』刊行のトークを中沢新一、八角聡仁氏と青山ブックセンターにて。同日夕刻より高橋世織、鵜飼哲、堀内正規、吉田裕、大野慶人、中嶋夏さんも参加されての「二乃三乗会」に。

樋口良澄・吉増剛造『木浦通信』

雪雄子・吉増剛造「拈花瞬目《ねんげしゅんもく》」原始感覚美術祭（八月十四日）

大野一雄逝去

吉増剛造・笠井叡「閃光のスフィアーレクイエム」慶應大学日吉校舎（六月三十日）

及川廣信・吉増剛造「村への遊撃」ＩＣＡＮＯＦ（九月十八日）

『木浦通信』あとがきから

Mokpo…

木浦までの、樋口さんとした船旅が忘れ難い、……。同行二人の歌を口遊んだよ。矢立出版さんとの同行も、……。玉稿を、下さった、親友に、ほんとに、ありがとうを。ここまできましたよ、……ね。……なのに校正の野の道、……マラトンの途上で、大野一雄師の訃に接した（二〇一〇年六月一日）。長く、……眠ってられたときの頬やノドの明るみが目裏に。そして、一九七七年の「アルヘンチーナ頌」を再見し、タンゴを踊られる大野一雄師の〝歓喜〟に、再、――。ほんとうにありがとうございました、オーノさん。

（吉増剛造）

二〇一一年　吉増剛造「予告する光 *gozoCiné*」上映会、『裸のメモ』

二〇一二年　吉増剛造「詩の傍（*cotés*）で」（後に『怪物君』）

二〇一三年　吉増剛造・笠井叡「未来からの声が聴こえる―2011.3.11と詩歌」日本現代詩歌文学館（二月十六日、十七日）

二〇一五年　大野慶人・吉増剛造「イシカリノカ―慶人と*gozo*」原始感覚美術祭（九月六日）

吉増剛造、日本芸術院賞・恩賜賞

室伏鴻逝去

二〇一六年　吉増剛造『怪物君』『我が詩的自伝　素手で焔をつかみとれ！』

「声ノマ　全身詩人、吉増剛造展」東京国立近代美術館

二〇一七年　「涯《ハ》テノ詩聲《ウタゴエ》　詩人　吉増剛造展」足利市立美術館

二〇一八年　「涯《ハ》テノ詩聲《ウタゴエ》　詩人　吉増剛造展」沖縄県立博物館・美術館、渋谷区立松濤美術館

初出一覧

第一章

「貝殻追放——飯島耕一風に」『ドラムカン』十四号、一九六九年九月
「廃星は淋しさに宿る——土方巽氏に」『アスベスト館通信』十号、一九八九年
「ちいさな廃星、昔恒星が一つ来て、幽かに〝御晩です〟と語り初めて、消えた——新版（盤）を聞いて」ＣＤ『慈悲心鳥がバサバサと骨の羽を拡げてくる』冊子、一九九八年、アリアディスク
「土方——／遠さ」『慈悲心鳥がバサバサと骨の羽を拡げてくる』一九九二年、書肆山田
「燔犠大踏鑑」『美術手帖』一九七三年二月号
「航海日誌 1970 ~ 1972」詩集『王國』一九七三年、河出書房新社
「人間追跡——土方巽」『中央公論』一九七〇年十二月号

第三章

「中嶋夏に」『根も葉もなく…夢と破棄』公演フライヤー、二〇〇六年四月
「人形劇精霊棚」樋口良澄・吉増剛造『木浦通信』矢立出版、二〇一〇年
「ムッシュー古釘」『激しい季節』第二号、一九七五年
「京都のふかさがわかりはじめていた」『太陽』一九八七年五月号

第四章

「薄いヴェールの丘に」『四熊野』二号、一九九三年一二月

「月暈／不死 01」『わたしの舞踏の命』矢立出版、二〇〇五年

「ミルク（彌勒《ミロク》、……）の耳の手／O氏の舞踊」『FRONT』一九九九年一月

「『死海』の水」『現代詩手帖』一九八五年五月号

「踊る／身体の声／大野一雄さんと話す日」『吉増剛造／午後五時の会話』TEMPORARY SPACE、一九九一年

「生と死の舞踏〈石狩―カムチャツカ〉」『FRONT』一九九九年八月

「火炉の傍らに立つこの巨人」『現代詩手帖 特集版 大野一雄 詩魂、空に舞う。』二〇一一年

「大野一雄の踊る手」樋口良澄・吉増剛造『木浦通信』矢立出版、二〇一〇年

おわりに

この「おわりに」が、はたして、わたくしに、綴《ツマ》れるのだろうか、……。志賀信夫さんの熱意とご努力によって、召喚《ヨビヨセ》られた、言葉たち、場面《シーン》、仕草たちを、見詰めているときに、……驚きとともになにかが、立って来ていた、……。その〝なにか、……〟とは、用《も》、死《し》、伽《か》、支《し》、田《た》、裸《ら》、……モシカシタラネ、……未来のどなたかの記憶の隅《スミ》、……（そうさ、隅《スミ》が、大切なのさ、……いつも、イツモ、……）の、……と、こうして綴っていると、……（文脈を少し、逸《そ》らしますが、……）、そう〝別の言語が立ってくるのよ〟、……。それが舞踏《ブトー》だった、……。〝*Butoh* だった、……〟。〝……のよ〟が、土方巽の遠い声だ、……。

勿論、これは、かぎられた、……時代と状況の、……ある意味では、異様な、……「別乾坤＝別言語」の立ち方で、……あるのだろう、……（ト、ミシマ（三島由紀夫）さんにも、タキグチ（瀧口修造）さんにも、話し掛けている気がしていた、……）。けれども、毛《け》、零《れ》、度《ど》、茂《も》、……、これが、時代のヒノスミ、……＝隅《スミ》の火《ヒ》であったのだ、……。たしかに、……。

〝こんな書物が上梓をされるなんて、……〟志賀信夫氏、論創社さん、本書の成立にかかわられた、関係の諸氏、特に、たったいま「舞踏」をどう考えたらよいかを、その入り口を、……ともに、考えてくださった森下隆氏、そして装幀を引き受けてくださった服部一成氏に感謝をしつつ、……不図、その書物の「名《な》」を、『舞踏言語』に、あの『ちいさな廃星、昔恒星が一つ来て、幽かに〝御晩です〟と語り初めて、消えた』ヲ、〝背後《ウシロ》ニ、足《タ》シナヨ、……〟と、幽かな、……さらに、遠いところからの、隅《スミ》の聲《コエ》を聞く。

2018.3.30 Hakone Gora, gozo y.

〈プロフィール〉

吉増剛造（よします・ごうぞう）

1939年東京阿佐ヶ谷に生まれ、福生市で育つ。詩人。詩の朗読パフォーマンスの先駆者としても知られ、国内外で朗読ライブを行う。パノラマカメラや多重露光による写真、銅板を用いたオブジェ、映像作品など多様な表現活動を展開。慶應義塾大学、早稲田大学、多摩美術大学、サンパウロ大学など国内外の大学で教鞭をとる。妻は歌手*Marilya*。

【主な著作】

『黄金詩篇』（高見順賞）、『熱風 a thousand steps』（藤村記念歴程賞）、『オシリス、石ノ神』（現代詩花椿賞）、『螺旋歌』（詩歌文学館賞）。『「雪の島」あるいは「エミリーの幽霊」』（芸術選奨文部大臣賞）、『表紙』（毎日芸術賞）、2015年、日本芸術院賞・恩賜賞。他に『王國』、『わが悪魔祓い』、『青空』、『花火の家の入口で』、『The Other Voice』、『裸のメモ』、『怪物君』、『キセキ-*gozoCiné*』、『GOZOノート』（全3巻）の著作等がある。

舞踏言語――ちいさな廃星、昔恒星が一つ来て、
幽かに〝御晩です〟と語り初めて、消えた

2018年5月15日　初版第1刷印刷
2018年5月25日　初版第1刷発行

著　者　吉増剛造
発行人　森下紀夫
発行所　論 創 社
〒101-0051 東京都千代田区神田神保町2-23　北井ビル2F
TEL：03-3264-5254　FAX：03-3264-5232　振替口座　00160-1-155266
装幀／服部一成
印刷・製本／中央精版印刷
組版／フレックスアート
ISBN978-4-8460-1668-5